하얀 바다

갈매기의 꿈 | 한지 수묵담채, 20호

사자바위의 일출 | 한지 수묵담채, 20호

하얀 바다

바다와 섬 | 한지 수묵담채, 20호

기다림 | 한지 수묵담채, 30호

하얀 바다

귀항 | 한지 수묵담채, 20호

귀소 | 한지 수묵담채, 30호

하얀 바다

희망을 얘기하자 | 한지 수묵담채 20호

옛추억 | 한지 수묵담채, 30호

하얀 바다

김상립 수필집

북랜드

차례

1 · 아버지의 시집

2 · 돌탑을 다시 쌓으며

3 · 사람의 가을

4 · 꽃 진다 꽃이 진다

5 · 허기 만나다

여명 | 한지 수묵, 20호

1 아버지의 시집

윤회의 길목에서

전시장 벽에 걸려 있는 사진들을 둘러본다. 모두 흑백 사진이다. 중간쯤에 걸려 있는 작품 앞에서 나는 걸음을 멈추었다. 산과 바다, 이제 막 떠오르는 해가 보이고, 은빛으로 반짝이는 물결과 구름 속에서 사방으로 퍼지는 햇살이 눈부시다. 일출의 찬란한 모습이다. 그러나 옆에 붙어 있는 명함 크기의 설명서에는 '일몰' 이라 적혀 있다.

나는 일출과 일몰, 이 두 가지 상반되는 자연 현상이 구분할 수 없을 만큼 닮아 있다는 사실에 새삼 놀랐다. 길고 긴 세월을 두고 낮의 시작과 밤의 출발이 똑 같은 모습으로 반복되고 있었던 것이다. 자연현상이 이러하거늘, 그 속에서 사는 사람의 삶은 또 어떠할까? 나는 이 한 장의 사진 앞에서 윤회를 떠올려본다.

니체는 그의 유명한 저서 '짜라투스트라는 이렇게 말했다' 에서

초인의 입을 빌려 어린아이가 되라고 외쳤다. 아마도 인간 본연에로의 회귀를 은유적으로 표현했을 것이다. 정말로 노인과 어린애는 서로 많이 닮아 있다는 느낌을 받을 때가 있다. 아이가 자라서 푸르른 청년이 되고, 풍성한 장년을 지나 쇄락한 노인이 되면, 또 다시 어린애로 돌아가는 인생 여정이 마치 놀이공원의 순환열차 같다.

우리가 일상에서 인과응보나 업보라는 말을 자주 쓰는데, 아마 이 세상에는 엄격한 윤회의 법칙이 작용하고 있다는 것을 은연중에 인정한다는 말일 터이다. 윤회란 무엇인가? 윤회란 어떤 생명이 단 한 번의 삶으로써 끝나는 것이 아니고 적당한 때를 만나면 다시 새로운 삶을 살게 된다는 뜻일 터이다. 이렇게 보면 우리 인생도 처음과 끝이 따로 떨어져 있는 것이 아니고 일출과 일몰처럼 서로 꼬리를 물고 이어져 갈게 분명하다.

물론 이런 내용을 믿지 않고 삶은 다만 일회성일 뿐이라고 주장하는 사람도 많다. 그러나 현존하는 의식세계로는 인식할 수 없지만, 우리에게 깃들어 있는 영혼은 죽음 앞에서 지금의 몸과 이별을 하고 다시 새로운 몸을 얻어 진화할 수밖에 없다면 어쩔 것인가? 만일 이런 순환의 법칙이 보이지 않는 손길이 되어 삶을 지배한다면 어느 누구도 그 위력을 피할 수 없으리라.

연어가 수년 동안 넓은 바다에서 자유롭게 노닐다가 산란을 하기 위해 죽음을 마다 않고 멀고 험한 길을 따라 제가 태어난 하천까지 찾아오는 이치나, 여우가 죽어도 머리를 제 집 쪽으로 둔다는 옛말이 모두 같은 의미를 지녔으리라. 사람이 늙으면 고향으로 돌아가서 그 곳의 하늘을 보고 흙 냄새를 맡아야 편히 잠들 것 같다는 생각을 가지게 되는 것도 우연은 아닐 터이다.

이렇게 생명 있는 것은 모두가 탄생에로의 회귀를 간절히 바라고 있다. 회귀란 돌아옴이요, 돌아온다는 것은 곧 순환을 의미하지 않는가? 자기가 살면서 행한 모든 일들도 그냥 사라져 버리는 게 아니라 끝내는 제게로 고스란히 돌아오게 마련인 게 인생사다. 요즈음은 삶의 속도가 대폭 빨라진 탓으로 당대에 업보가 찾아올 가능성이 매우 커졌다 한다. 설령 당대를 용케 피했다 해도 가까운 후생에는 반드시 그 업보를 만나게 될 터이다.

사람이 한 생을 살며 어쩔 수 없이 업을 짓고, 그 업을 받아 다시 다른 생을 산다. 그 과정에서 어떤 업은 선행으로 소멸되지만 또 다른 악행으로 새로운 업을 만들기도 한다. 그러므로 제가 쌓은 업이 모두 소멸될 때까지 열심히 살 수밖에 다른 방법이 없다. 이것이 바로 윤회의 핵심 내용이다. 내가 굳이 윤회를 믿으려 하는 이유도 이승에서의 내 삶을 끝까지 책임지기를 바라기 때문이다.

그러나 어떻게 하든 윤회의 사슬을 끊기만 하면 해탈을 얻어 천상에서 영원할 것이라 믿고 독하게 마음 공부에 매진하는 사람들도 적지 않다. 하지만 사람이 아무리 노력하고 집착한다 해도 해탈이 제 발로 일찍 찾아와 주는 일은 결코 일어나지 않을 것이다. 오히려 주어진 이승의 삶을 지극정성으로 살다 보면 언젠가는 윤회의 수레에서 내릴 기회가 반드시 온다는 믿음을 가지고 사는 게 마음 편할 터이다.

요즈음 나는 붉게 타는 저녁노을을 바라보면서도 하얀 햇살이 밝게 비치는 아침을 생각하곤 한다. 나는 지금 황혼녘에 서 있지만 지구 반대편 사람은 아침을 맞고 있을 것이다. 이처럼 시작과 끝이 독립적으로 존재하지 않는다는 사실은 세상의 모든 삶이 영원으로 펼쳐진 시공간에서는 서로 연관되어 함께 존재한다는 의미가 될 터이다. 인류가 공연하고 있는 삶이란 연극도 회가 거듭될수록 더 좋은 내용을 보여 주어야 세세손손 탈 없이 이어져 나갈 것이다.

어쩌면 먼 훗날 지구상에 펼쳐져 있을 삶의 무대가 어느 윤회의 길목에서 내가 살아내어야 할 또 다른 세상이 될 수도 있을 터이다. 오늘을 어떻게 살지는 전적으로 각자의 몫이겠지만, 동시에 전 인류의 몫이 될 수밖에 없는 이유가 이처럼 분명하다.

아버지의 시집

아버지는 시인이셨다. 당신 자신이 시인이라고 내세우지는 않았지만 주변 사람들 모두가 시인으로 인정했으니 시인일 수밖에 없을 터이다.

당시 지방에서는 현대시를 공부하는 사람보다는 한시漢詩를 배우는 사람들이 더 많았다. 그런 까닭으로 큰 지방마다 서로 돌아가며 한시 백일장을 열었고, 아버지는 늘 심사위원으로 초대받아 가셨다. 그런 날 아버지께 돌아온 것은 늦은 귀가와 거나한 취기뿐이었다. 백일장에서 좋은 시가 많이 나온 날에는 기분이 좋아 취하셨고, 작품들이 신통치 않았던 날에는 우울하게 취하셔서 "그것도 시라고, 그것도 시라고……." 하시며 말끝을 흐렸었다.

백일장이 있었던 다음 날에는 늘 친구 몇 분이 모여서 전날에 입선한 시를 읊으며 하루를 보내셨다. 나는 누구 하나 종이에 시를

더 낮은 곳으로 | 한지 수묵, 40호

베껴 온 사람이 없었건만 어떻게 그 시들을 죄다 외우고 있는지 신기하기만 했다. 물론 그 암송 비결이 한시의 정형성定型性에 있기도 하겠지만, 오히려 시를 아끼고 사랑하는 마음이 더 컸을 성싶다. 어제의 응모 작품에 대한 시감상이 대충 끝나면 다음에는 친구들과 운韻자를 내어 놓고 시를 지어 읊는 순서였다. 앉은 차례대로 자작시에 리듬을 실어 윗몸을 좌우로 흔들고 좋은 구절이 나오면 무릎을 탁, 탁 쳐가며 점점 목청을 높이셨다. 하나같이 청아한 목소리였다.

아버지는 스스로 문학적인 분위기를 즐기면서 잡다한 세상사에는 깊이 몸 담그기를 원치 않으신 것 같다. 평생을 쪼들리는 선비로 살았지만 낭만이나 시정詩情을 잃는 일 없이 지낼 수가 있었던 것을 보면 짐작이 간다. 이런 배경은 시를 창작하는 당신의 태도에서도 어김없이 나타났었다. 아버지는 긴 시간을 두고 고뇌하기보다는 즉흥적이거나 영감으로 시를 쓰는 경우가 더 많았다. 바둑을 두다가도 놀란 듯 붓을 잡고 단숨에 써내려 가거나 꿈속에서도 많은 시를 지으셨으니.

머리맡 벽에, 사방 두어 자쯤 되는 공간을 임의로 정해 놓은 아버지는 꿈에서 지은 시를 잊어버리기 전에 꼭 그 곳에 적어 두고 다시 잠드셨다. 아침에 일어나면 우선 어제 밤에 적어놓은 시를 퇴고하는 것으로 하루를 시작하셨으니 참 못 말릴 일이었다. 시가 뜻대로 마무리가 되지 않으면 벽장에서 큰 소주병을 꺼내어 작은 잔에 딱 한 잔만 부어 드시고는 다시 시작詩作에 빠지셨다. "아버지, 주무시면서 어떻게 시를 짓습니까?" 하고 물으면 "글쎄, 나도 잘 모르겠다." 하실 뿐, 더 이상의 말씀이 없으셨다.

그렇게 쓰여진 시가 한정된 벽을 가득 채우면 벽지를 도려내고 새 종이를 바른다. 그 공간은 아버지의 비망록이자 시작 노트인 셈이었다. 나 역시 벽지를 잘라내고 다시 붙이는 일을 몇 번이나 도와드렸으니 아마 당신께서 손수 하신 경우는 훨씬 더 많았을 터였다. 어쩌다 시간 여유가 생기면 아버지는 떼어낸 벽지를 펼쳐놓고 시 한 편 한 편을 정성껏 가위로 오려서 따로 보관하셨다. 나는 저것들을 정리하여 곧 시집을 내실 요량이구나 생각했다. 그러나 예상과는 달리 시집은 좀처럼 출간되지 않았고, 시간이 많이 지나자 내 관심도 줄어들고 말았다.

아버지가 끝내 먼 길 떠나신 후, 그제야 아차 싶어 어머니에게 물어 보았다. "벽장 속에 가득 있던 그 많은 시들을 죄다 어디에 두었습니까?" "아, 그거, 네 아버지가 재작년 겨울부터가 몇 장씩 꺼내어 군불 쏘시개 하던데." 하시는 것이었다. 당신께서 평생을 바쳐 써 오신 시를, 또 그렇게 애지중지 모았던 그 많은 시를 당신의 손으로 전부 불 살아버리고 가셨단 말입니까? 나는 갑자기 머릿속이 하얗게 비어버려 한동안 가만히 서 있었다. 모두들 그렇게 이름을 남기고, 작품을 남기려 안간힘을 쓰고 있는데 아버지는 왜 그러셨을까?

어쩌면 세월이 흐르고 세상이 바뀌면 당신이 애써 만든 시집을 아무도 찾지 않을 것이라 판단했을 수도 있을 것이요, 누구의 노랫말처럼 이 땅에 소풍 왔다가 돌아가면서 신명나게 놀았던 자리는 깨끗이 치우고 가야 한다는 생각 때문일 수도 있었겠다. 그것도 아니라면 시인이 시를 짓고, 시를 사랑하고, 시 속에서 살았으면 그것으로 족하다 여겼거나. 또 찰나에 불과한 삶에서 무엇을 남기면 얼마나 남기고 잃으면 얼마나 잃을 것이냐, 모두가 부질없는 짓이라는 깨달음에 다가갔을 터이다.

당신께서는 시뿐만이 아니고 당신이 사랑했던 서책이나 붓, 벼루, 먹 등도 모두 후학들에게 나누어 주고 내 곁을 떠나가셨다. 아마 가시는 발걸음은 퍽이나 가벼웠을 테지만 나는 많이 섭섭했었다. 흰 중절모자와 검은 지팡이, 하얀 구두와 하얀 두루마기가 내가 본 전부였다. 아버지의 삶의 흔적이래야 시인으로서 살았던 기억밖에는 내게 남은 것이 없다. 가능한 한 당신 삶의 흔적을 지우고 떠나시려 했던 황혼기의 초연한 몸짓을 나는 건성으로 보았던 것이다.

그렇지만 나는 아버지의 시가 하늘나라에서도 책으로 묶어져 출간되지 않았다는 사실은 안다. 왜냐하면 아버지의 시가 한 편씩,

때때로 기운을 바꿔 가며 나를 찾아와 내 가슴을 두드려 일깨우고 있기 때문이다. 봄이 오면 화사한 꽃으로, 여름이면 억수 장맛비로 오기도 하고, 가을이 되면 형형색색의 단풍으로 왔다가 다시 겨울이 돌아오면 흰 눈으로 나를 정결케 한다.

나는 그처럼 홀가분하게 가신 아버지의 삶이, 이렇게 깊고 큰 흔적으로 내 인생에 오래 머물게 될 줄 예전엔 미처 몰랐다. 나는 형체도 없는 아버지의 시가 따뜻한 삶의 열기가 되어 하늘 저 높은 곳에 떠 있다가 죽은 자의 넋을 위로하는 노래로, 고단한 하루를 엮어가는 서민들에게 힘을 실어주는 가락으로, 다시 태어날 생명을 위한 맑은 기운으로 뻗어나가 주기를 간절히 바라고 있다.

아버지는 단 한 번도 당신 입으로 '내가 시인' 이다란 말을 하지 않았어도 시인으로 존경 받았지만, 나는 내가 수필가라고 소개해도 별로 알아주는 사람도 없다. 아버지는 시집이 한 권도 없지만 아들인 내가 날마다 그 시를 읽고 있고, 나는 몇 권의 수필집이 있어도 아이들은 고사하고 아내마저 읽어주지 않는다. 아버지는 시를 지으며 시처럼 사셨지만, 나는 수필을 쓰지만 여전히 수필처럼 살지 못하고 있다. 그래도 나는 내 마음속에 아버지의 시집이 있어 더없이 좋다.

아라홍연을 보다가, 문득

지금 나는 인터넷 카페에 올라와 있는 아라홍연紅蓮을 열심히 들여다보고 있는 중이다. 눈앞에 있는 저 꽃이 700여 년 전 고려시대의 연 씨앗이 발아에 성공하여 한 해를 자란 결과라 한다.

분홍과 붉은 색을 잘 배합하여 칠한 듯한 꽃은 화사하다기보다 오히려 은은하고 청순한 느낌을 준다. 꽃잎은 요즈음 연꽃에 비해 좁은 편이고 잎의 개수도 적어 조금은 성글게 보이지만, 전체적으로 조화를 이루고 있어서 마치 그 시대의 고운 여인을 보는 듯하다.

식물의 씨앗이 싹을 틔울 수 있는 모든 조건이 차단된 상태에서 수백 년이란 긴 세월을 오로지 버려진 상태로 있다가 우연한 기회를 만나 세상에 그 모습을 드러낸 것이란다. 나는 지긋이 눈을 감았다가 다시 떠서 찬찬히 살펴본다. 생명의 외경스러움과 신비함에 가슴 벅차 숨이 막힐 지경이다. 도대체 무엇이 이토록 긴 세월 동안 씨앗을 지켜내었을까?

아마도 연의 넋이 계속 살아 있었기 때문이었으리라. 연이 후대를 위해 또다시 꽃을 피워야 한다는 간절한 염원으로 씨앗을 만들 때, 그 소망이 에너지로 전환되어 씨앗 속으로 들어갔을 것이다. 그리고 그 에너지가 바로 연의 넋으로 화하여 수백 년 동안이나 씨앗을 살려 놓았을 것이고.

문득 내 넋을 생각해 본다. 이 세상을 살아가는 무수한 사람들의 넋도 함께 떠올려 본다. 아라연이 수백 년을 죽지 않고 잘 버텼는데 식물보다는 훨씬 더 고등생명체인 사람이 육신의 소멸로 모든 생명력이 일시에 끝나버린다면 너무 허무하지 않겠는가? 그러므로 생물학적인 죽음과는 차원이 다른 넋이라 불리는 영혼의 존재가 반드시 전제되어야 인간의 삶이 더욱 존귀하게 될 것으로 믿는다.

현대과학은 우주만물이 에너지의 집합과 분산으로 이루어진다고 주장하고 있다. 내 육신만이 아니고 내가 사용하는 많은 물건들도 사실은 특정 에너지가 각각 다르게 뭉친 결과에 지나지 않는다는 설명이다. 이렇게 보면 하루에도 오만 가지 생각을 하는 인간은 생각 에너지를 끊임없이 생산해 낼 것이고, 이런 에너지들이 의식을 가진 결정체로 만들어질 것은 분명한 일이다. 바로 이것이 그 사람의 영이 되고 영의 역할을 맡게 될 것이다.

티벳 사자의 서死者의 書에는 사람이 죽고 난 뒤, 육체를 떠난 영이 49일 동안 홀로 미지의 세계를 여행하는 내용이 기술되어 있다. 우리네 장례절차를 보더라도 매장을 하든 화장을 하든 반드시 망자亡者의 혼백을 집으로 모셔온다. 아마도 우리 조상들은 생명에 대한 불가해 한 여러 요소들을 혼백이라는 개념으로 정리하고, 가족 중에 누가 죽으면 일정기간 그 혼백이 가족 주변에 머문다고 이해했었던 것 같다. 49제를 지낸 후에야 비로소 영을 천도하는 의식을 치르고 있는 것을 보면 알 수가 있다.

'사랑과 영혼' 이란 미국 영화를 보아도 예기치 못한 사고를 당한 주인공이 지극히 사랑했던 여인을 도저히 떠날 수가 없어서, 보이지도 만져지지도 않는 영으로 나타나 그 여인의 주위를 맴도는 얘기가 나온다. 또 영적 세계를 다룬 시리즈 물도 계속 인기리에 방영되고 있다. 개개인에 따라 믿든 믿지 않든 간에 영혼에 대해서는 동서東西가 큰 차이 없이 많은 관심을 보인다는 게 틀림없는 사실인 것 같다.

생각해 보면 다음과 같은 추리는 그리 어려운 문제가 아니다. 사람은 누구라도 주어진 일생을 살며 긍정적인 생각으로 사물을 대하기도 하고 부정적인 생각으로 살기도 할 것이다. 많은 날을 이기적인 마음에 쌓여 자기 위주로 생활을 꾸려가기도 하고 봉사와 희생정신으로 남을 도와주기도 할 터이다. 또 사악한 음모로 세상을 해롭게 하기도 하고, 지혜로운 계획으로 세상을 이롭게 만들기도 할 터이다.

개개인의 이런 생각이나 행동이 자신의 내부에서 치열한 다툼을 통해 서로 상쇄되고 남은 것, 즉 그가 일생을 두고 가장 소중하게 여기고 추구했던 가치가 마지막으로 그의 영혼에 각인될 것이다. 그 결과 악한 영이나 선한 영도 생기고, 밝고 희망적인 영이 있는 반면, 원한을 가득 품은 영도 생기게 될 터이다.

대체로 밝은 기운으로 변해 먼 하늘나라로 훨훨 날아가는 혼령보다, 집착을 떨치지 못하여 사바세계를 얼쩡거리는 어두운 영이 많으면 뒤에 오는 후손들의 삶이 고단하단다. 그러고 보면 인류가 만났던 전쟁이나 전염병 같은 대 재앙들도 수많은 영혼들의 좋지 않은 기운들이 직간접적으로 영향을 미친 결과라 해석해도 무리가 없을 것이다.

이처럼 개개인의 혼령이 사회 전체에 알게 모르게 영향을 미친다고 가정하면, 각자의 삶을 보다 진지하게 따져보지 않을 수 없을 것이다. 한 개의 씨앗이 수백 년 후에 우연한 기회를 맞아 싹을 틔우게 되듯이, 우주를 여행하던 영혼이 절묘한 기회를 얻어 이승의 몸으로 다시 태어날 수 있다고 믿어 보자. 그때는 제 영혼에 새겨져 있는 특성을 가진 사람으로서 다시 살게 될 것이니 어찌 인생을 무책임하게 살 수 있으리오.

나는 매일같이 무엇을 먹고 어떤 옷을 입을까, 또 무슨 말을 하고, 어떤 것을 얻어낼까를 궁리하느라 태생부터 나에게 깃들여져 있을 내 영혼을 오랫동안 외면하고 살았다. 몸이 건강하고 활동량이 많을 때가 영혼을 풍성하게 만들 좋은 기회라 했는데 그 시절 다 놓치고 황혼 길에 들어서서야 비로소 영혼에 생각이 닿았다니 부끄러운 일이다. 그러나 비록 지나온 내 삶이 별 것 아니었고 앞으로 남은 삶도 그저 그럴 것 같기는 해도, 내 영혼이 조금은 더 선해지고 더 밝아졌으면 좋겠다는 바람은 놓지 않을 것이다.

신의 몫

세상만사가 돌아가는 밑바탕에는 신의 몫이 1퍼센트쯤은 있을 것이라는 게 평소 나의 생각이다.

이를테면 과학자들이 연구실에서 진행하는 중요한 실험 결과에도, 운동선수들이 내는 세계적인 기록의 순간에도 미지의 힘이 반드시 작용하리라 믿는다. 비록 1퍼센트가 적은 비율이긴 하지만, 그것이 신의 몫으로 실행될 경우에는 99퍼센트보다 더 결정적인 역할을 할 수도 있을 것이다. 당신이 살아 온 인생길을 곰곰이 따져보라. 과연 뜻대로 살아진 일이 얼마나 되던가?

어떤 일을 완벽하게 계획하여 착착 진행시키고 있는데 생각지도 못한 동티가 생겨 끝내는 일 전체를 망치고 마는 경우가 있다. 남녀가 만나 서로 사랑하거나 헤어지는 일도 제 마음대로만 되지는 않는다. 놀라운 건강을 과시하던 사람이 하룻밤 새 죽기도 하고, 늘 골골하던 사람이 오히려 더 오래 살기도 한다. 어느 누가 평생을 나쁜 조건 속에서 고생스럽게 일하고 싶을 것이며 일부러 가난하게 살고 싶을까? 그러나 이 세상에는 열심히 일을 해도 가난을 면치 못하는 사람도 있고, 예상외의 행운에 부자로 사는 사람도 있다.

신종 독감 같은 새로운 질병이 나와 자꾸 인류를 괴롭힌다. 놀란 세계 각국이 나름대로는 대책을 수립하느라고 야단법석이다. 이럴 때마다 어느 나라가 백신을 먼저 개발할 것이냐를 두고 치열한 경쟁을 벌이게 된다. 하지만 누가 최초로 백신을 개발했던 간에 완전한 예방책은 될 수가 없다. 왜냐하면 비록 질병을 유발하는 바이러스의 비밀을 해독했다 할지라도 늘 99퍼센트 완성이기 때문이다. 그러나 과학자들이 풀지 못한 이 1퍼센트가 환경변화에 따라 자꾸 진화하여 새로운 병의 원인이 되어 인류에게 고통과 공포를 안기고 있다.

근래에 와서 종합병원에서 간혹 발견되는 슈퍼 박테리아도 아직은 현대의학이 풀지 못하고 있는 영역임에는 틀림이 없다. 이처럼 언제 어떤 질병으로 인류가 큰 위험에 직면하게 될지 아무도 정확하게 알지 못하는 것이 우리네 현실이다. 하지만 드물게는 병원에서 사형선고를 받았던 환자가 기적같이 살아서 쌩쌩 돌아다니고 높은 곳에서 떨어져도 멀쩡한 사람이 있다. 매몰된 땅 속에서

나 시뻘건 불구덩이 속에서도 무사히 살아나오는 사람까지 있다.

나는 이런 불가해한 일들을 보며 사람이 태어나서 죽기까지의 전 과정에는 신의 관여가 어느 정도는 있을 것이라는 믿음을 갖게 되었다. 당신은 우리가 알지 못하는 손길이 주관하여 만물의 삶과 죽음을 가른다고 생각해 본 적이 없는가?

지금 우리 인간들은 고도로 발달한 과학문명을 등에 업고 우쭐해져서 많은 것을 이미 안다고 생각하고, 또 더 많은 것을 알고 싶어 초조감에 시달리고 있다. 그래서 하늘과 땅 모두를 지배하려 안달을 낸다. 아무리 인류가 우주의 비밀을 상당 수준 벗겨 내었다고 큰소리 쳐봐도, 이제야 겨우 광대무변한 우주의 아주 작은 부분만을 더듬고 있을 뿐이다.

먼 하늘은 고사하고 지구상에서 일어나는 자연현상마저도 정확하게 모르기는 마찬가지가 아닌가? 지진이 일어나고 해일이 밀어닥치면 선진국이라고 호언하던 나라들도 어쩔 줄 몰라 쩔쩔맨다. 심지어 초강대국이라고 턱을 내밀고 사는 미국인들도 허리케인이 덮치고, 토네이도가 습격하고, 산불이 크게 일면 속수무책으로 당하기 일쑤다.

폴란드인 신부 콜베에 대한 얘기가 짠하게 전해진다. 2차 대전 당시 그는 유태인 수용소에 강제로 끌려갔었다. 하루는 탈주를 시도한 한 사람을 대신해서 열 명의 수용자가 무작위로 뽑혀 죽어야 하는 현장에 서 있었다.

선택된 사람 중에서 갑자기 한 사내가 앞으로 나와 울부짖으며 살려달라고 간청하기 시작했다. "나에게는 어린 아이가 셋이나 있고 젊은 아내도 있습니다. 만일 내가 죽으면 그들은 도저히 살아갈 수가 없습니다." 그 안타까운 장면을 보고 있던 신부는 나는 홀몸이니 이 사람을 대신해서 내가 죽겠다고 요청하여 그만 총살당하고 만다.

전쟁이 끝나고 구사일생으로 살아남은 그 사나이가 급히 고향으로 돌아갔지만, 그렇게도 간절히 그리던 가족은 이미 폭격에 희생되고 없었다 한다. 그가 살아 남아야 하는 유일한 이유로 내세웠던 가족 모두가 이 세상 사람들이 아니었던 것이다. 만일 신부의 선택이 하느님의 뜻이었다면 그 가족은 보이지 않는 손길에 의해 온전하게 보호를 받아야 마땅했을 터이다.

비록 예의 신부가 인간으로는 좀처럼 흉내 낼 수도 없는 살신성인의 정신을 실천했다고 말할 수 있겠지만, 하느님의 눈으로 볼 때는 그렇지 않을 수도 있었을 것이라는 추측이 가능할 것이다. 도대체 사람의 머리로 판단하여 결정한 일이 신의 뜻과 일치될 확률은 얼마나 될까? 이것이 우리가 신 앞에서 한없이 작아져야 하는 이유가 되리라 본다.

하지만 우리 사회에는 별의별 사람이 다 있다. 제 스스로 잘났다는 착각 속에서 다른 사람을 함부로 단죄해 버리는 사람들이 엄연히 존재한다. 또 권력이나 돈, 언론 등을 가진 것이 마치 무소불위의 힘을 위임이라도 받은 듯 상대방을 사정없이 몰아붙이는 경우도 허다하다. 신의 계시를 받았다고 호언장담을 하는 사람도 있고, 신을 대신하여 기적을 행사할 수 있다고 허풍을 쳐대기도 한다.

결국 신과 인간의 몫을 제대로 구별하지 못하는 이런 사람들 때문에 도리어 신의 간섭이 더 심해지고 있다는 사실을 왜 모르는지 참으로 답답하다. 선한 생명이든, 악한 생명이든 생명자체가 가진 원초적 비밀은 사람 스스로가 풀지 못하도록 프로그램 되어 있다 한다. 이것이 바로 신의 몫으로 남겨진 부분이기도 할 것이다.

신이 우리에게 남겨놓은 미지의 몫에 대해 좀 더 겸손해지고 그 숨은 뜻을 이해하기 위해 마음을 다해 살아 간다면, 그것이 오히려 인류에게 최대의 선물이 될 수도 있을 것이다.

하얀 바다

나는 화선지에 그림을 그리다가 종종 고향을 그리고 싶다는 충동에 빠진다. 그러나 곧이어 바다는 무슨 색으로 칠하면 좋을까 하는 의문에 든다. 그리고 그 의문은 내가 바다로 둘러싸인 동네에서 자랐으면서도 고향을 생각하면 떠오르는 색깔이 파란색이 아니라는 것에서 시작된다.

바다를 자세히 보면 늘 파랗지만은 않다. 경우에 따라 검정이나 보라, 초록 또는 빨강, 심지어는 노란빛을 띄우기도 한다. 해가 중천에서 벗어나기 시작하면 바다는 은빛 비늘을 흔들며 눈부시게 빤짝이지만, 붉은 노을이 지면 온통 핏빛이다. 낮은 구름이 하늘을 덮으면 바다는 진한 회색으로 칠해져 구름과 한 몸이 된다. 비가 오면 비의 세상이 되고 안개가 내리면 안개 천지가 되어 버린다. 해가 지고 환한 보름달이 둥실 떠서 희고 순한 빛을 흘리면 바다는 달빛을 주워 입고 부드럽게 일렁이기 시작한다.

그러나 강한 바람을 만나면 바다는 평소의 태도를 확 바꾸어 사람들을 당황하게 만들기 일쑤다. 그런 날, 먼 바다는 격렬한 시위대처럼 입에 거품을 물고, 팔을 내젓고, 발을 구르며 고함을 질러댄다. 시간이 지나고 점점 세력을 키운 바다가 허연 이빨을 드러내고 무서운 기세로 육지로 돌진하면 나는 그만 새파랗게 질리고 만다. 하얀 얼굴의 거대한 파도가 순식간에 해안 마을을 덮치면 생지옥을 면하기 어렵기 때문이다.

파도로 인해 생기는 불행은 그뿐만이 아니었다. 당시만 해도 고기잡이배들은 거의가 목선木船이었고 그런 배에는 십수 명의 어부들이 함께 탔었다. 그들은 노를 젓거나 돛을 달아 바람을 타기도 하며 먼 바다로 나가 달포씩이나 고기를 잡다가 항구로 돌아오곤 했다. 운 나쁘게 모진 풍랑이라도 만나면 미처 피하지도 못하고 조난당하기 일쑤였다. 거센 바람에 가슴이 허옇게 뒤집어진 바다는 배를 삼키고, 사람을 삼키고, 잡은 물고기도 삼켜 버렸다. 나는 이런 기막힌 사고 앞에서 바다를 끼고 사는 사람들의 슬픈 운명에 할 말을 잃곤 했다.

기찻길도 없고, 버스길도 막막했던 조그마한 항구 도시에 살던 나에게 그래도 배는 교통수단의 중심에 서 있었다. 서러운 이별도, 가슴 뛰는 상봉도 모두 부둣가에서 이루어졌다. 하지만 나에게는 기쁜 만남은 고사하고 가슴 아픈 추억만 남아 있다. 사랑했던 사람도, 절친했던 친구들도 모두 선창가에서 손을 흔들며 이별해야 했기 때문이다.

붕~ 하고 뱃고동 소리가 길게 울려 퍼질 때 고개 돌리며 눈물 글썽인 그들도 하나같이 배의 후미後尾가 그려내는 흰 파도 속으로 사라지고 말았다. 이처럼 내 기억 속의 고향 바다는 치열한 삶과 허망한 주검, 뱃길 따라 흘러 들어온 우연한 만남과 도시의 유혹에 넘어가버린 기약 없는 이별이 바다라는 넓고 흰 스크린 위에 서로 뒤엉켜 있다.

그러나 지금의 고향은 나에게도 이름난 관광지 중 하나일 뿐이다. 사계절 내내 구경 나온 자동차로 부둣가는 비명을 지르고, 낯선 사람들이 줄지어 어시장魚市場을 구경거리로 삼는다. 바다가 잘 내려다 보이는 언덕 위에는 숙박시설이 늘어나고, 연안을 놀이터나 휴양지로 개발하려 쉬지 않고 돈을 쏟아 붇고 있다. 그저 보기 좋고 놀기 좋은 곳으로 만들려고 안간힘을 쓴다.

그러나 관광명소를 고향으로 둔 나는 이런 변화가 기쁘기는커녕 되려 서럽기만 하다. 어쩌다 내가 고향에 가면 객지 사람보다 더 서툴게 고향 땅을 걸어야 하기 때문이다. 더구나 그림같이 조용하던 바다가 폭풍을 안고 하얗게 일어서면 파괴와 재창조라는 근원적인 갈망을 반드시 실현시키고 만다는 사실을 익히 아는 나는 걱정이 한 짐이다. 사람들이 그를 못 살게 굴고 오염시키면 시킬수록 비례하여 더 큰 힘으로 제 자신을 본래대로 만들어 놓으려고 애쓰는 바다가 바로 하얀 바다다.

나는 아무리 어려운 처지에 놓여도 끝내는 흰빛 하나로 존재하려는 바다의 속성이, 오랜 세월 나를 인도하고 있었다는 사실을 뒤늦게 깨닫고 적지않게 놀랐다.

사람 누구에게나 태생적 기억은 반드시 존재하기 마련이다. 살다보면 더러는 잊은 것 같아도 저마다 가슴에 새겨진 원초적 기억이 분명 어딘가에 남아 있을 것이다. 이런 기억은 예정된 탄생의 비밀에 속하기 때문에 그 사람만의 독특한 내용을 지니게 될 것은 분명한 일이다.

어떤 사람에게는 초록빛으로 진을 친 울창한 나무숲이, 또 다른 사람에게는 실개천이 흐르는 넓은 들이 마음속을 차지할 수도 있으리라. 아무 부러울 것 없는 부유한 환경 속에서 탄생하기도 하지만, 찢어지게 가난한 부모 밑에서 태어날 수도 있으리라. 널리 인술을 펴는 성자 같은 할아버지의 모습이 각인된 사람도 있을 것이요, 술과 노름에 찌들어 어머니를 핍박하던 일그러진 아버지의 모습을 가슴에 새긴 경우도 있을 터이다.

이렇게 숙명적으로 주어진 태생의 기억을 스스로가 어떻게 받아들이고 극복해 나가느냐 하는 것은 전적으로 개개인의 몫이 될 터이다. 나에게는 바다로 둘러싸인 내 고향이 평생 나를 따라다니고, 하얀 바다 또한 운명되어 나에게 머물러 있다. 내가 한세상 살며 견디기 힘든 발걸음을 그래도 멈추지 않고 오늘까지 이어온 것도, 언제나 변함없이 내 가슴을 타고 흘렀던 바다의 본질에 대한 나의 믿음 때문이었다.

내 인생에서 나의 선택이 늘 흰 깃발이 서있는 쪽이었다는 사실 역시 나의 태생적 기억 덕분일 것이라 믿고 깊이 감사하며 살아가고 있다.

이름 없는 깃발로

젊은 날, 고향을 찾아가는 길은 언제나 고생이었다. 타향살이에 지칠 대로 지쳐 있다가 용케 기회를 잡으면 뛸 듯이 기뻐서 고향집으로 달려갔지만 현실 속에서는 멀고도 힘든 길이었다. 서울역에서 완행열차를 타고 밤을 꼬박 새워, 그나마 좌석을 못 구하면 벽에 기대거나 통로에 앉아 졸다가, 아침 일찍 부산에 닿으면 그 길로 부두를 향해 곧장 달려가야 했다.

거기서 통영 가는 여객선을 운 좋게 잡아타면 교실바닥 비슷한 3등칸에서 새우처럼 등을 말아 비집고 눕는다. 날씨라도 궂으면 체면 따위는 아예 포기한 채, 일렁이는 파도 따라 반나절을 정신없이 사람들 사이를 뒹굴고 나서야 겨우 고향 땅이라고 밟아 보던 그런 시절이었다.

짧게는 하루, 길어도 3일을 넘기지 못했던 방문길은 언제나 어머니와의 이별이 마지막 순서가 되었다. 내가 작별 인사를 하고 집을 나설 때면 당신은 꼭 한길까지 따라 나와 "얼른 가거라. 시간 늦겠다"하시며 잡은 손을 뿌리치고 나를 재촉하셨다. 그러나 한참을 내려와 뒤돌아보면 어머니는 꿈쩍도 않고 그냥 그대로셨다.

한번은 깜박하고 수첩을 집에 두고 왔기에 부두까지 갔다가 빠른 걸음으로 되돌아 간 적이 있었다. 집이 가까워지자 조금은 여유가 생겨 고개를 들고 동네를 바라보았다. 그런데 놀랍게도 어머니가 아직도 그 자리에 우두커니 서 계셨다. 내가 "어머니, 뭐 하세요?" 라고 묻자 "응, 누구를 좀 기다리는 중이다."라며 일부러 태연한 척하셨다.

대답은 그렇게 하셨어도 늘 그랬을 터였다. 내가 다녀갈 때마다 매번 당신께서는 내가 시야에서 사라지고 난 후, 다리가 아파 견딜 수 없을 때까지 멀리 한길을 내다보고 서 계셨으리라. 오늘만 해도 내가 되돌아 온 시간까지 따지면 족히 반시간은 넘었을 터였다.

자식을 조금이라도 더 보기 위해 여객선 터미널까지 내려와 떠나는 배를 향해 손을 흔들며 이별할 수도 있었겠지만 어머니는 한 번도 그러지 않으셨다. 대신 내가 몇 시쯤 집에 도착할 것이라고 전화를 넣고 나면, 당신은 내가 좋아하는 음식을 만들어 놓고 마루에 앉지도 않은 채 서성이고 계셨다.

기다림 | 한지 수묵, 15호

언제 다시 오겠다는 기약도 없이 훌쩍 가버리는 자식에게 언짢은 내색 한 번 않은 당신이다. 나를 떠나보내고 나서야 비로소 진한 아쉬움에 동네 어귀에 하염없이 서 계셨던 내 어머니가 아닌가! 자식을 저 멀리 서울에 두고 1년에 겨우 두어 번밖에 만나지 못했지만 짬 내어 한 번 다녀가라는 전화도 하지 않았던 당신이다. 그렇게 어머니는 평생 나를 기다리기만 했다.

당시에는 서울 유학생의 상당수가 스스로 학비를 해결하고 있었다. 나 역시 장학금 덕분으로 대학과정을 밟고 있었지만 시절이 그런 때라 궁핍한 객지생활을 마음에 담아두지 않고 지냈었다. 그런데도 어머니는 당신이 경제적 능력이 없어서 자식의 앞날을 활짝 열어주지 못한다는 생각을 늘 하고 계셨던 것 같다. 왜냐하면 어머니가 의식적으로 내 삶에 깊이 관여하지 않으려고 애쓰는 모습을 종종 보았기 때문이다.

그래서 그런지 대학의 선택이나 진로문제는 말할 것 없고, 내 살림살이까지 전적으로 나에게 맡겨두고 늘 한 발 물러서서 조용히 지켜보기만 하셨다. 내가 첫 직장을 구하고 서울 변두리에서 살 때 딱 한 번 우리 집에 온 것이 전부이다. 물론 어머니가 통영에서 서울까지 움직인다는 게 결코 쉬운 일은 아니었겠지만 마음만 낸다면 꼭 못 오실 일도 아니었을 터였다. 그런데도 나는 부모로부터 간섭 받지 않는 내 생활이 더 자유롭고 도전적일 수 있어서 오히려 다행이라 여기며 세월을 보내고 말았다.

내가 머리에 억새꽃 같은 백발을 이고서야 비로소 나를 보내놓고 못 박은 듯 서 계시던 어머니의 모습이, 한 개 커다란 깃발 되어 줄곧 내 잠재의식에 자리잡고 있었던 사실을 깨닫게 되었다. 그 깃발은 내 마음속에 운명처럼 꼽혀 나를 향해 사랑의 기운을 계속 보내고 있었던 것이다.

그 깃발은 늘 의미심장한 많은 얘기를 하고 있었고, 빛이 없는 어두운 밤에도 스스로 빛을 내어 내 주변을 밝혀 주었다. 내가 도저히 포기할 수 없는 길을 위태롭게 걷고 있을 때도 힘차게 펄럭이며 지친 내 발길을 독려해 주었고, 헛된 유혹에 빠지지 않도록 내 손을 이끌었던 것이다. 성정이 불 같은 내가 인내의 꼬리를 붙들고 그럭저럭 사회생활을 영위할 수 있었던 것도 모두가 당신의 기다림 때문이었다.

당신의 그런 깃발을 내가 알아보기 전에는 순전히 내 노력과 힘으로 험난한 인생길을 헤쳐 나온 줄로만 알고 있었다. 내가 잘나서 아무 연고도 없는 객지에서 자리잡고 살 수 있었다고 자부해 왔던 것이다. 그러나 그것은 순전히 내 착각이었다. 자식 때문에 차오르는 화를 삭이며 참는 게 얼마나 힘든 일이며, 자식 일에 간섭하지 않으려 애쓰는 게 죽을 만큼 내 마음을 아프게 한다는 사실을, 내가 자식을 키우면서야 겨우 알게 되었으니.

아이들을 모두 떠나보낸 지가 어언 10년도 넘었으니 이제 나도 노령에 들었다. 내 언젠가 돌아가서 어머니가 나를 기다리던 그 자리에서 지친 날개를 접고 조용히 쉬어야겠다는 생각을 자주 하는 요즈음이다. 내 생명의 몸부림이 시작되었고 영원한 마음의 고향일 수밖에 없는 그곳에서 나는 이름 없는 한 개 깃발이 되고 싶다. 그리고 목이 터져라 어머니를 노래하리라.

내 삶을 흔들어 놓고

좀처럼 사용하지 않는 서랍장을 열었다. 잃어버린 수첩을 찾기 위해서다. 아무리 뒤져도 없다. 그런데 맨 밑바닥에 깔린 머플러 한 장이 눈에 띈다. 꺼내어 보니 진한 잉크색 바탕에 노란 쇠사슬 무늬가 나란히 배열된 실크 목도리이다. 아! 아직도 이게 하나 남아 있었구나. 그래, 이 머플러가 바로 그 친구가 마지막으로 나에게 도움을 청했던 것이었지?

그는 나와 동문수학을 했던 사람으로 대학을 졸업하고 2년 가까이 일본에 유학을 다녀오기도 했었다. 당시로서는 그만한 학식이면 꽤 괜찮은 직장에 취업이 가능한 처지였는데, 무슨 이유에서인지 그는 작은 공장을 전전하며 막일을 자청해서 하고 있었다.

어쩌다 만나게 되면 입에 침을 튀기며 노동자의 인권에 대한 주장을 늘어놓곤 했다. 그러다가 팔을 걷으며 '어디 두고 봐라. 내가 한 번 본때를 보여줄 거야' 라고 말하곤 했지만, 막상 과격한 행동으로 옮길 수도 없는 순하디 순한 사람이 그 옛날 노조도 없었던 시절에 무엇을 달리 할 수 있었단 말인가.

더욱이 그는 근무 중에도 수시로 동료들의 일을 봐주려 자리를 비웠다니, 사흘이 멀다 하고 직장에서 쫓겨날 게 뻔한 일이었다. 당장 새로운 일자리를 찾아 나서야 하는 절박한 처지에 놓여 있어도 지난날 같이 근무했던 사람들이 더 안타까워 발을 동동 굴리던 그런 사람이었다.

그는 힘든 삶을 꾸려가는 노동자들과 함께 어울려 왕십리 어느 달동네를 근거지로 삼고 아예 그 곳을 떠날 생각을 하지 않았다. 내가 몇 번 그를 찾았을 때, 주소도 없는 어느 구석진 쪽방에서 머리맡에 책 몇 권, 방바닥에는 이불 하나 깔아놓은 채 살고 있었다.

그랬던 그가 하루는 다급하게 나를 찾아 와서는 "어이, 이 머플러 좀 봐라. 참 좋지? 내가 이번에 일본에서 좀 많이 가져왔거던. 제법 돈이 될 것 같았는데 막상 파는 일이 쉽지가 않네."하며 두툼한 종이 백을 내게 내밀었다. 갖가지 무늬로 곱게 염색된 일본제 실크머플러는 당시로는 상당히 고급 물품이었다. 물으나 마나 또 누구를 도와줄 일이 생겼을 것이다. 내 형편도 넉넉할 때가 아니었지만 거절할 수가 없어서 가져온 것을 모두 인수하고는 한동안 돈 걱정을 하며 지냈었다.

그것으로 끝이었다. 그 후로 그가 나를 찾은 적이 한 번도 없었다. 그는 그만큼 남에게 신세지는 일을 싫어했던 깔끔하고 수줍은 성격의 소유자였다. 풍문에 들리는 얘기로는 이제는 직장생활을 완전히 포기하고 동네를 돌아다니며 온돌방과 부엌을 고쳐주고, 심지어는 굴뚝도 뚫어주고, 칼도 갈아주며 그들의 어려운 사정을 함께 나누는 달동네의 해결사로 지내고 있다 했다. 나도 사는 일에 바빠 정신없이 뛰다 보니 몇 년이란 세월이 쏜살같이 지나가고 말았다.

어느 날, 일이 생겨 청량리역에 갔다가 우연히 그를 만났다. 많이 초췌해 보였다. 두어 마디 안부를 교환하고는 부근의 목로주점에 마주 앉았다. 도무지 말이 없다. 술이 몇 순배 돌아 거나해지자 그제서야 "아마도 내가 전생에 참 몹쓸 짓을 많이 했었던 모양이야. 열 가지도 넘는 일에 손대었지만 하나같이 잘 풀리지 않았어. 어서 마음의 빚을 갚고 떠나야 할 텐데." 하며 말문을 열기 시작했다.

듣고 보니, 평소 제게 닥친 더 없는 고통을 속으로 삭이며 언제나 평온한 표정을 잃지 않았던 그의 속마음이 조금은 이해가 되었다. 특히 영원이란 시간을 두고 자신의 삶에 대해 끝까지 책임져야 한다는 주장은 어제와 오늘을 다르게 사는 데에 익숙해진 나를 부끄럽게 만들기에 충분했다. 그에게 어떤 위로의 말이라도 해야겠다 싶어 고개를 드니, 그는 나란 존재를 까맣게 잊은 채 몽환에 젖은 표정으로 물끄러미 창밖을 내다보고 있었다.

그렇게 헤어진 얼마 후 그의 부음을 받았다. 나는 세상에 이런 일도 있나 싶은 게 그가 죽었다는 사실이 도무지 받아들여지지 않았다. 그 착한 사람이 무슨 잘못을 저질렀다고 단 한 번도 경제적으로 풍족하게 살아보지도 못하고, 가정마저 이루어보지 못했는데, 젊은 나이에 훌쩍 떠나가게 한단 말인가!

하늘이 이리 허무하게 도로 데려갈 삶이면 애당초 뭣 하러 점지했느냐는 원망이 끓어올라 가슴이 조여왔다. 나는 적막이 무겁게 감도는 쓸쓸한 상막喪幕에 앉아 인사불성이 되도록 죄 없는 소주만 마셔댔다.

그는 참으로 모진 삶을 고스란히 수용하며 최선을 다해 살아낸 독특한 사람이었다. 못 견디게 힘든 삶 앞에서도 그가 남을 탓하는 것을 한 번도 들어보지 못했다. 언제나 자신이 무능하다거나 아직 때가 이르지 않은 까닭이라 했다. 그는 제 삶을 남에게 알리려고도 알려지기를 바라지도 않았기에 숨어 살다시피 지냈다.

그를 존경하고 사랑하여 함께 하고자 한 여인이 없었던 것도 아니었지만 끝내 홀몸으로 버티다 간 그 친구. 살아 생전에는 나를 더 없이 답답하게 만들었고 죽은 뒤에는 한 겨울의 강바람처럼 싸늘한 한기寒氣만 잔뜩 안겨준 사람. 하지만 그가 이 세상에 왔었던 이유가 내 나이 따라 각기 다른 얼굴로 찾아와 내 삶을 한 번씩 흔들어 놓고 간다.

오늘 뜻밖에도 그가 남긴 흔적을 발견하고 새삼 그리운 마음으로 그를 추억한다. 친구의 주검 앞에서 그가 너무 불쌍하여 하늘을 원망했던 내 마음이, 지금은 도리어 그를 통해 적지 않게 위안을 받고 있음을 알고 있다.

비록 부고訃告도, 제대로 된 장례절차도 없이 행려병자처럼 허망하게 이 세상과 결별하고 말았지만, 부대낀 여러 사람들의 가슴속에는 그가 한 그루 사랑나무로 오래도록 튼실하게 자라고 있으리라 믿는다.

청개구리 신세

손자를 데리고 어머니의 유골을 뿌렸던 언덕 위에 서 있다. 손자가 묻는다. “할아버지, 증조할머니는 왜 무덤이 없어요?” 손자가 이제는 초등학생이 되어 생각이 많아진 모양이다. “응, 그것은 할머니가 매일 이곳에 서서 바다 바라보기를 소원했기 때문이란다.”하고 대답은 했지만, 이 아이가 좀 더 자라면 뭐라고 설명해주어야 할지 은근히 걱정이 된다.

어머니가 위독하시다는 연락을 받고 밤을 새워 달려갔던 날. 몹시 쇠약해지신 어머니는 껍질만 붙어있는 손으로 나를 붙잡고 “야야, 나 죽거던 꼭 화장해라. 바다가 잘 내다보이는, 양지바른 데를 찾아 훌훌 뿌리거라. 알았제?” 있는 힘을 다 끌어내어 겨우 하시는 말씀에 나는 아무 대답도 할 수 없었다. 그러나 어머니는 계속 성화다. “야야, 와 대답이 없노?” 나는 우물쭈물 그 자리를 겨우 피했다.

그러나 다음 날 아침에도 똑 같은 말씀을 반복하신다. 어쩔 수가 없어서 "예, 알았습니다."라고 대답하니 그제서야 엷은 미소를 지으셨다. 나는 어머니가 왜 그런 고집을 피우는지 이해할 수가 없었다. 날이면 날마다 바다만 바라보고 살아 온 어머니가 왜 저 세상까지 가서도 바다를 보고 있어야 하는지, 도대체 어떤 끊을 수 없는 인연이 도사리고 있기에 끝내 바다를 놓지 못하는지 답답하기만 했다.

당시만 해도 화장하는 사람이 그렇게 많지도 않았고 대개 선산이나 공동묘지에 묻히는 것이 관례였으니 더욱 그랬다. 또 어머니의 경우로 보면 1년 먼저 돌아가신 아버지께서 이미 선산에 유택을 마련하고 계셨으니 다른 선택이 있을 수 없었던 터였다. 그런데도 어머니는 한사코 그곳에 가기를 거부하셨으니.

그때 한 생각이 떠올랐다. 아버지께서는 생전에 당신이 편히 쉴 곳을 두어 번 보고 오신 적이 있었다. 그런데도 어머니는 끝내 아무 내색도 않으셨다. 어느 날 나는 어머니가 가까운 친구와 나누는 얘기를 우연히 엿듣게 되었다. 어머니는 "죽고 나면 두고두고 아이들 귀찮게 할 것 뭐 있겠나. 화장해서 훌훌 뿌리는 게 좋지. 매인 데 없이 이곳 저곳 쏘다니면 참 좋을 거야, 그지?" 하며 친구에게 당신 생각을 일방적으로 강조하고 계셨다. 평소 유택에 대한 생각이 아버지와는 많이 달랐다는 대목이 될 것이다.

또 어머니는 당시 여인들이 짊어졌던 죽을 만큼이나 무거운 짐을 저승까지는 가져가고 싶지 않았기에, 아예 속세와의 인연을 정리하고 떠나려 했는지도 모르겠다. 아니면 자식들이라고는 모두 고향에서 멀리 떨어져 있었으니, 자주 찾아오지도 못할 것을 뻔히 알며, 차가운 무덤 속에서 애타게 기다리느니 차라리 자유를 선택하고 싶었던 것이겠지. 거기까지 생각이 미친 나는 형님과 의논해서 어머니의 유언대로 해드리자고 결정하고 말았다.

한줌 재가 되어 항아리에 담긴 어머니를 안고 남망산공원에 올랐다. 통영항구가 제일 잘 내려다보이는 곳, 양지바른 언덕에 어머니의 분골을 골고루 뿌렸다. '그래요. 소원대로 날마다 바다를 바라보세요. 드나드는 배도 보시고 일일이 간섭도 하세요. 계절마다 피는 꽃도 보시며 산책도 하시고요.' 나는 어머니와 함께 해가 기울도록 바다를 내려다보고 있었다.

그 후 짬을 내어 가보면 참 잘 했구나 하는 생각이 저절로 들게 주위 경관은 수려했다. 맑은 공기, 호젓한 오솔길, 한 눈에 내려다보이는 항구, 사철나무가 주위에 죽 둘러쳐져 있었고 사이사이에 갖가지 꽃나무도 적지 않았다. 그러나 세상 일이 어디 마음먹은 대로 되던가? 어머니가 쉬는 곳의 주변 경관이 하도 좋다 보니, 젊은이들의 데이트 코스로 이름을 얻게 되었고, 밤이면 손에 손잡고 걷는 연인들의 아지트로 변하고 말았다. 그러자 한 술 더 떠서 그 곳이 시립공원으로 지정되어 함부로 출입할 수도 없고 주변에 심겨졌던 나무들마저 무성하게 자라 접근조차 어렵게 되었다.

이제는 내가 찾아 가더라도 어머니와 마주 앉아 술 한 잔 나누며 두런두런 안부조차 전할 수 없는 처지다. 안타까운 마음에 억지로 나무 사이를 비집고 들여다보면 빈 병과 깡통, 휴지 조각들이 흩어져 있어 보기에도 민망하다. 그러나 분골을 만들어 숲 속에 흩어버렸으니 다시 다른 곳으로 이장할 엄두를 낼 수가 없다.

어머니의 유언을 존중해야 한다는 생각을 앞세워 후일을 위한 별다른 대책 없이, 우선 눈에 띄는 좋은 곳만을 욕심내었던 내 잘못을 두고두고 후회하게 될 줄을 내 어찌 짐작이나 했던가! 유언을 거스르고라도 어머니를 선산에 모셨거나 집 가까이에 있는 납골당에 보관했으면 그나마 마음이 좀 나아졌을까? 아니지, 기왕 유골을 뿌릴 바에야 특정한 곳에 흔적을 남겨 나중에 오는 복잡한 상념에 얽히지 말고, 그냥 흐르는 강이나 넓은 바다에 흩어 망자를 그리는 심사를 장소에 얽매이지 않게 해주는 것이 옳았을 것 같기도 하다. 어차피 가까운 사람들의 죽음은 남은 자의 가슴에 묻어야 하는 것인데.

요즈음은 어쩌다 한 번씩 가보는 고향 길이지만 어머니를 찾아 그 곳에 서면 내 눈 앞은 언제나 안개 같은 장막에 가려져 먼 곳을 바라볼 수가 없다. 어느새 나는, 유언 따라 엄마 개구리를 냇가에 묻고는 비만 올라치면 목청껏 울어댄다는, 청개구리 신세가 되고 만 것이다. 깨끗한 것을 무척이나 좋아하시던 어머니였으니 '이미 그 자리에서 멀리 떠나셨을 것' 이라고 믿는 일이 유일하게 남은 자위의 방도지만 시리도록 허전한 마음은 매한가지로 내게 버거운 짐이다.

암만 유구한 세월이 흐른다 해도 후생後生에서 다시 부모와 자식으로 만나는 인연은 결코 쉽게 찾아오지는 않을 것이다. 조물주의 생명 놀이가 너무 어렵다는 생각이 들어 울적한 심사까지 더해진다.

영원에 대하여

세상천지에 영원한 것은 없다. 그런데도 사람들은 줄기차게 영원을 소원하며 살아간다. 이처럼 실체가 없는 것을 있는 것으로 여기고 살면 한편으로는 기대에 부풀기도 하겠지만 다른 한편으로는 번번이 실망할 수도 있으리라.

남녀가 만나 서로 사랑하고 그 사랑이 사뭇 깊어지면 영원한 사랑을 노래하기 시작한다. 또 억수로 돈을 많이 번 사람도 그 재산이 대대손손 이어져 내려가기를 소원한다. 큰 권력을 가졌거나 높은 명예를 가진 사람도 비록 자기가 현역에서 은퇴하더라도 계속 그런 위치에 머물기를 은근히 바란다. 그러나 영원히 계속되기를 바랐던 많은 일들이 얼마 못 가서 틀어지게 되면 실망도 하고 허무하기도 할 터이다.

이렇게 보면 우리 인생살이에서 가장 큰 모순 중에 하나가 영원한 게 그 어디에도 없건만 계속 갈망하며 사는 일일 것이다. 흔히 우리가 일상에서 사용하는 영원이란 말은 끝없이 긴 세월을 지적한다고 이해하면 될 터이다. 그러나 현실은 사람들이 제 마음속에서 간절하게 지속되기를 바라는 내용에 따라 영원의 길이가 결정되기 마련이다. 사랑만 봐도 그렇다. 나는 당신을 영원히 사랑할 것이라고 고백하지만, 아무리 애쓴다 해도 제 생명이 끝나면 막을 내려야 한다.

이와 같이 사람 따라, 소망 따라 그 길이가 달라질 수밖에 없다면 영원은 구체적이라기보다 다분히 추상적인 용어가 될 수밖에 없다. 또 어찌 보면 영원은 자기의 바람을 강조하기 위한 과장표현의 전형일 수도 있겠다. 하지만 문제는 또 있다. 비록 영원의 길이가 소원하는 내용 따라 일정하지는 않더라도 결국 시간과는 밀접한 관계를 가질 것이다. 그렇다면 영원의 기준이 되는 시간, 그 자체는 과연 얼마나 신빙성을 가지고 있을까 하는 의문이 생긴다.

시간은 태초부터 온 세상을 뒤덮은 채 시작도 없고 끝도 없이 그냥 그렇게 가만히 놓여져 있었다. 그랬던 것이 드디어 인류가 탄생하고 시간 위에서 살면서부터 비로소 흐르기 시작한 것이다. 그 후 많은 세월이 지나 인구도 불어나고 점차 문명사회를 이루어 나가면서 생활의 편의를 위해 시간을 구분할 필요성을 느끼게 되었고, 그 결과 달과 지구의 운행을 토대로 오늘의 시간 체계를 완성했던 것이다. 그렇다면 과연 다른 별이나 먼 우주공간에서도 지구의 시간이 그대로 적용될 수 있을까? 어림없는 얘기다. 학자들의 계산에 따르면 어떤 별에서의 하루는 지구상의 1개월에 해당되고, 또 어떤 별에서는 1년이 되기도 한단다.

그러고 보면 시간은 절대성을 지닌 게 아니고 어디까지나 상대적 개념일 뿐이다. 이를테면 현재 우리가 사용하는 시간이란 단지 지구인들끼리 통용되는 약속에 불과한 것이다. 이런 시간의 속성을 감안하면 천지간 어디서나 공통적으로 통할 수 있는 시간은 제가 살아서 숨쉬고 있는 지금 이 시간뿐일 것이다.

오로지 지금만이 현실적 시간인 반면, 과거나 미래의 시간들은 기억이나 상상 속에 있는 가상의 시간에 지나지 않을 것이 분명하다. 만약 몸은 지금에 있지만 마음은 가상의 시간 위에 가 있다면 진정한 지금을 살 수가 없게 될 것이 뻔하다. 우리가 시간 위에서 우물쭈물하는 사이에 지금은 쏜살같이 지나가버리고 다시는 똑같은 지금을 만날 수가 없을 것이다.

거듭 말해도, 사람은 오직 지금을 살 수밖에 다른 길이 없다. 아무리 능력 있고 잘난 사람이라 해도 어제와 오늘을 함께 살수도 없고, 오늘과 내일을 같이 살지도 못한다. 모든 사람이 하나같이 현재를 살고, 지금을 살고, 순간을 살아낼 뿐이다. 지금을 제대로 살지도 못하며 영원을 기약한다면 진짜로 웃기는 얘기가 아니겠는가?

사람은 매 순간을 새롭게 시작해야 할 운명을 타고 났고 이것이 곧 생명을 가진 자의 사명이라고 믿을 때 비로소 시간은 자기편이 될 것이다.

일찍이 희랍의 철학자 헤라크레토스는 '태양은 날로 새롭다' 라고 갈파했다. 그는 왜 눈부신 불덩어리로 한결같이 우리를 비추는 태양을 두고도 날마다 새롭다고 말했을까? 아마도 그는 천지만물은 끊임없이 변화한다는 사실만이 유일한 진리라는 것을 설파하고 싶었던 것이리라. 어떤 사람이 절망의 신음 속에서도 힘차게 부활의 날갯짓을 할 수 있는 것도 지금이란 시간이 있기 때문일 터이다.

지금을 어떻게 사느냐가 영원의 문을 여는 키가 될 것이라고 나는 믿고 있다. 지금, 그것은 영원의 또 다른 이름이 되어야 할 터이다.

무엇으로 다시 만날지

구름 한 점 없는 맑고 푸른 하늘이 땅 위에 너무 가까이 내려와 있어서 팔을 크게 휘저어 버리면 파란 물감이 왈칵 쏟아질 것 같은 날씨다.

산에서 내려오던 나는 멀리 화장장의 높다란 굴뚝에 눈길을 보내고 있다. 처음엔 짙은 회색 연기가 잠시 보였으나 점점 엷어져 이제는 하얗게 바뀌어 가늘게 피어 오른다. 얼마 떨어지지 않은 사찰寺刹 부근에서 또 다른 연기가 솟아난다. 아마 생활쓰레기 같은 것을 태우는 모양이다. 한참 바라보고 있으려니 두 갈래의 연기가 서로 부르기라도 하는 듯, 먼 하늘에서 다정스레 만나고 있다. 함께 손을 잡기도, 어깨동무를 하기도 한다.

어찌 사람의 주검과 쓰레기를 태운 연기뿐이겠는가. 내가 쓰던 원고지나 벽에 걸렸던 마른 장미꽃, 못 입게 된 옷가지도 태우면 다같이 연기가 되어 공중에서 서로 섞이게 될 것이다. 살아있던 것들이 죽고 나면 연기로 함께 모이고, 그것들이 다시 생명을 얻게 되면 각기 다른 몸으로 살게 되는 이치가 참으로 오묘하다.

영영 헤어진 것처럼 보이는 수많은 것들이 우연한 기회에 다시 만나고, 만나서는 또 헤어지는 일을 반복하도록 조정하는 힘이 어딘가에 있을 것이라 생각하니 생명에 대한 외경스러운 마음이 절로 일어난다.

이렇게 보면, 우리가 평소에 느끼지 못할 뿐 만물은 보이지 않는 연결고리로 한데 묶여져 있어 기회가 되면 서로 몸을 바꾸어 살기도 할 것이다. 그런 까닭에 오늘 남의 처지를 이해하고 보살피는 일이 먼 훗날 제 자신을 돌보는 것과 같은 결과를 가져올 수도 있을 터이다. 이런 일련의 현상을 현대 과학은 에너지의 결합이나 분산으로 설명하려 한다.

그러나 만물의 생명현상에 대해 우리가 얼마나 많이 알고 있는지를 솔직하게 자문해 보자. 어떤 생명을 살펴보아도 아는 것보다는 모르는 게 훨씬 더 많을 것이다. 이것이 지금이라는 시간을 사는 인간의 한계다.

언제, 어디서, 무엇으로 태어나 다시 만나게 될지도 모르는 이승에서의 만남을 두고 좋은 기억 쌓기는 고사하고 원수를 대하듯 서로 기를 쓰고 다투기 일쑤다. 아무리 생각해보아도 우리 사는 방식이 탄생의 본질과는 많이 어긋나 있다는 느낌을 지울 수가 없다. 지금의 세상이 한없이 어지러운 것도 순환하는 삶에 대한 불신과 이해부족도 한 몫 단단히 거들고 있을 것이다.

함께 서다 | 한지 수묵, 20호

2 돌탑을 다시 쌓으며

박수 보내다

이사를 앞두고 짐 정리를 하다가 내가 사회 초년병 시절에 시작하여 꽤 오랫동안 썼던 일기장 몇 권을 발견하고는 밤을 새워 읽었던 적이 있다. 더러는 정겹고 재미도 있었지만 어떤 장면에서는 후회나 슬픔이 밀려와 가슴이 울컥하기도 했다. 그러나 대부분은 고개를 끄덕이며 담담하게 받아들일 수 있었다.

아마도 지난날 내게 일어났던 수많은 일들이 특별하게 모나지 않고 고만고만한 것들로 채워져 있어서, 내가 살아 온 역사를 하나의 줄거리로 엮기에 무리가 없었기 때문이리라. 따져보면 오래전의 내 삶도 그랬고, 장년기를 지나 노년이 된 지금까지의 내 생활도 모험적이거나 강하게 튀는 쪽보다는 평범하고 작은 것들이 중심을 이루고 있었다.

중견기업에서 처음 직장생활을 시작한 나는 은퇴할 때까지 근

40년을 같은 업종에만 종사했으니 일의 내용에서 큰 변화가 있었을 리도 없었다. 그 긴 세월을 두고 내가 탁월한 능력을 발휘하여 회사를 크게 번창시키지 못했던 것이 안타깝기는 하나, 법을 어겨 가면서까지 무모한 짓을 하거나 권력과 야합하여 이익을 도모하는 무리수는 두지 않았던 까닭으로 가슴 졸이는 일을 크게 줄일 수 있었던 게 그나마 위로가 된다.

내가 사회인이 된 후에는 힘 있는 소수 편에 속하기보다는 늘 군중 속의 한 사람으로 머무는 것을 편안해 하고 만족해 왔다. 그런 까닭으로 내가 속한 어떤 단체든지 그 장長의 자리를 맡기 위해 구성원들에게 머리 숙여 부탁할 마음도 없었고 애써 그런 입장에 놓이려 한 적도 없다. 아마도 이런 내 성향은 초등학교 시절부터 대학을 졸업할 때까지 반장이나 회장 같은 직책을 속도 없이 죽 맡아 지내 온 데 대한 부담과 후회가 내 마음속에 자리잡고 있었기 때문일 성싶다.

나는 잘 웃는 여자들을 좋아했고, 욕심 덜 부리는 남자들을 존경하며 살았다. 일상에서 사생결단으로 경쟁하는 짓은 피할 만큼은 피했고, 내 것을 위해 남의 것을 억지로 빼앗지도 않았다. 가능하다면 살아 있는 모든 것들과 어울려 살기를 소망했다. 또 내 이익으로 인하여 모질고 독한 생각이 머리속에 뿌리 내리지 못하게 마음 다스리는 일에도 무진 애를 썼다.

기회가 되면 유쾌하게 술을 마셨고 혼자 흥얼거리며 신명을 낼 만큼 노래도 좋아했다. 나는 즐겨 한국화를 그리고 수필을 쓰지만 취미 생활을 넘어서 특별한 이름 얻기를 갈망하지 않았다. 또 내 어쭙잖은 취미 생활 때문에 주변에 공연히 신세를 지거나 번거로움을 주어서는 아니 된다는 생각에 개인 출판기념회나 그림전시회를 열 계획 등은 애당초 세우지를 않았다.

근래에 와서는 번잡한 모임이나 신경을 곤두세워야 하는 회의에도 참석하기를 자제하며 산다. 대신 이웃과 함께 흙먼지 나는 동네 학교 운동장을 몇 바퀴씩 돌며 헬스장 다니는 것보다 낫다고 즐거워하며 지낸다. 그리고 1년이면 몇 차례씩 만나게 되는 초등학교 동창생들을 붙잡고는 늘어난 주름살을 헤아리며 마음껏 깔깔거린다. 뒤늦게 시작한 사군자 동호인인 할머니들과 어울려 오천원짜리 국밥을 앞에 놓고 질곡 많았던 그들의 지난 얘기를 들으며 함께 콧물을 훌쩍거리기도 한다.

이처럼 내 삶이 소심하고 평범하게 이어졌던 까닭으로 남 앞에 나서서 달리 자랑할 내용도 없지만 애당초 부끄러워할 마음도 없다. 혹자는 나에게 열정도 모험도 없는 그런 단조로운 삶을 드러내어 말할 게 뭐 있느냐고 비아냥거릴는지 모르겠지만 나는 개의치 않는다. 왜냐하면 내 비록 대단한 성취를 통한 만족감에서 오는 뿌듯한 행복은 경험하지 못했다 할지라도, 평범한 일상을 통하여 쌓인 작은 기억들로 말미암아 내 삶이 분수에 넘치지 않을 수 있었다는 것에 늘 감사하고 있기 때문이다.

대체로 작은 기억들은 선명하게 각인된 기억보다는 다정하고 다감한 측면이 더 많아서 잔잔한 행복감을 안겨주는 경우가 적지 않았던 이유도 포함된다. 더러는 삶이 너무 힘들어 포기하고 싶은 날에도 매일같이 만나는 아주 작은 일들로 말미암아 삶이 아름답다는 사실을 알게 된 까닭도 있다.

과연 명예나 돈을 좇아 열심히 사는 일만이 꼭 훌륭한 삶이라고 말할 수 있을까? 한때 잘나갔던 일에 집착하여 평생을 두고 그때를 그리며 살아가는 사람들이나, 도저히 실현 불가능한 욕망에 매달려 인생을 낭비하는 사람들을 보면 대놓고 말은 못해도 참으로 딱하다는 생각이 든다.

만일 가슴 터질 듯한 환희나 죽을 만큼 아팠던 사연 몇 개만이 내 마음속에 뚜렷이 자리잡고 있었더라면, 나는 웬만한 다른 기억들을 모두 밀쳐 버리고 그런 추억에만 매달려 여기까지 질질 끌려왔을 것이다.

나는 이 험난한 시대를 산 소시민으로서 주어진 길을 묵묵히 걸었으니 그것으로 만족하려 한다. 위대하거나 비범한 일이 존중 받고 흠모의 대상이 되는 것이 자연스러운 일이라면, 작고 평범한 일도 무시당하거나 폄하되어서는 아니 된다는 게 내 생각이다. 그래서 이름 모를 보통 사람들의 삶이 남 앞에서 더욱 당당해질 수 있는 세상을 꿈꾸며 산다.

나는 작지만 건강한 일상들이 행복을 가져다 준다는 사실을 굳게 믿고 있다. 평범한 하루에 진정 감사하는 마음으로 살다 보면 그 사람의 생애 또한 감사해야 할 삶으로 남겨질 것이라는 사실 또한 믿는다. 화려한 기억 몇 개가 삶 전체를 지배하는 행로보다는 작지만 고만고만한 기억들로 촘촘히 꾸며진 그런 삶을 끝까지 지키고 싶다.

성실하게 그리고 열심히 사는 보통 사람들에게 힘찬 격려의 박수를 보낸다. 그리고 남은 내 인생에도 박수를 보내고 싶다. 나는 가수 현숙이가 부른 '내 인생에 박수' 란 노래를 가끔씩 흥얼거려 본다.

돌탑을 다시 쌓으며

우리 일행이 천불천탑千佛千塔과 와불臥佛로 세간에 널리 알려져 있는 운주사雲柱寺에 도착했을 때 해는 이미 서쪽으로 기울어져 있었다. 나는 두어 차례 이곳에 와 본 경험이 있어서 만일 지금 출발하여 절을 한 바퀴 죽 돌아본다면 내 걸음으로는 시간이 빠듯하리라 계산했다. 그래서 산 능선에 있는 와불까지는 가지 않고 부근 계곡과 산자락에 흩어진 불상들을 둘러보고 나 혼자라도 먼저 내려와서 좀 쉬리라 마음먹었다.

토속적인 조형미가 깃들어져 신비로움을 더해주는 이곳의 불상과 돌탑들은 언제 보아도 감동을 준다. 하지만 정작 오늘 내가 놀란 것은 일정한 형식도 없이 제 멋대로 쌓아 올린 돌무더기가 너무 많다는 사실이었다. 길가나 바위 사이를 가릴 것 없이 사람 눈길이 닿는 적당한 공간만 있으면 돌이 쌓여 크고 작은 무더기를 이루고 있는 것을 볼 수 있었다.

심지어는 부처님의 가슴팍이나 배 언저리를 가릴 것 없이 틈만 보이면 돌을 잔뜩 얹어두었으니 보기에도 민망하다. 인간이란 예나 지금이나 끊임없이 솟아나는 소원을 안고 사는 욕망덩어리인 모양이다.

저렇게 많은 돌을 하나씩 쌓은 덕으로 그 절실한 바람이 얼마나 이루어졌는지 알 수는 없지만, 이 시간에도 곳곳에서 많은 사람들이 돌을 올려놓으며 소원을 빌고 있을 것이다. 하지만 세월의 흐름이 역력한 이 곳의 돌들을 보니 마땅하게 하소연 할 곳도 없었던 민초들이 어렵게 절간에 찾아와서, 쌓여진 돌무더기 위에 제 것 하나 따로 올려놓으며 크게 위안을 삼았던 흔적이라 여겨져 애잔한 마음도 없지 않았다.

생각에 잠겨 길을 따라 내려오다가 길섶에서 키가 내 허리 높이쯤 되는 원추형 돌탑 하나를 발견했다. 그것을 탑이라 부르기에는 엉성했지만, 쌓여진 돌의 종류나 크기가 각각 달라서 슬그머니 흥미가 일었다. 그리고 맨 꼭대기는 잘만 하면 돌 한 개는 문제없이 올려놓을 만한 공간도 남아있었다. 옳지, 기회다. 이참에 내 것도 한번 올려 보자. 혼자 신명을 내며 길가 풀섶에서 밑면이 손바닥 크기만한 돌 한 개를 집어 들었다. 돌은 마음먹은 대로 무사히 올려졌다.

한결 기분이 좋아진 나는 '그러면 그렇지. 성공이네.' 하며 만족감에 취해 바라보고 있는데, 웬걸 갑자기 와르르 무너져 내리고 말았다. 아차 하고 후회했지만 탑은 이미 두어 뼘이나 흘러내려 원형이 많이 훼손되고 말았다. 그 많은 돌무더기 중에 겨우 하난데 모른 척하고 그냥 가버릴까 하는 마음도 있었지만, 내가 괜한 욕심을 부려 돌 쌓은 사람들의 간절한 소원을 여지없이 무너뜨린 것 같아서 찜찜한 마음 견딜 수가 없었다.

비단 오늘 일만이 아닐 터이다. 무심코 던진 돌에 개구리가 맞아 죽는다더니, 단순한 내 호기심의 발동으로 시작된 행동 때문에 여러 사람들이 피해를 볼 수도 있었겠구나 하는 생각에 잠시 몸이 움츠려졌다. 나는 일행이 내려 올 때까지는 시간이 충분하리라 보고 예의 돌탑을 복구하기로 마음먹었다.

그러나 돌탑을 다시 쌓는 일이 결코 쉽지가 않았다. 생각만 앞서 급히 움직이다 보니 돌이 얼마쯤 올라가다가는 무너지고, 이제 되었다 싶으면 또 무너져 내렸다. 내 마음은 초조해지기 시작했고 손은 더욱 빨라졌다. 그러나 마지막 마무리 지점에서 돌은 다시 흘러내리고 말았다. 아 이를 어쩌나. 시간은 자꾸 가고 탑은 완성되지 않았으니. 마침 그때 돌탑에 관련된 기억 하나가 떠올랐다.

언젠가 경주 부근에서 수백 개의 돌탑을 혼자 힘으로 만들어 놓고 치성을 드리고 있다는 한 아주머니를 찾아간 적이 있었다. 녹

차를 앞에 놓고 세상 얘기를 하던 중에 누군가가 "이렇게 돌만 얹어서 만들어진 작은 탑들이 태풍 같은 것을 어떻게 견뎌 냅니까?" 하고 물었다. 그녀의 대답은 의외로 단호했다. "아무리 센 태풍이 와도 끄떡없어요, 이 많은 탑 중에서 한 두어 개가 조금 무너질 뿐, 거의가 거짓말같이 멀쩡하답니다."

그녀의 얘기는 사뭇 진지하게 계속되었다. "돌로만 쌓아 탑 모양을 만든다는 것은 결코 쉬운 일이 아닙니다. 어떤 돌이든 꼭 놓여져야 할 자리가 있고 그곳에 알맞은 크기와 무게가 따로 있으니까요. 또 밑에 돌과 위의 돌 사이에는 틈이 생기지 않아야 하며, 각기 옆 돌끼리도 서로 어깨를 바짝 조여 줄 수 있는 각角을 찾아야 한답니다." 그녀는 그 위치에 꼭 맞는 돌 하나를 찾기 위해 꼬박 밤을 새운 적도 있었다고 했다.

만일에 이런 조건을 무시하고 적당하게 쌓아버리면 일단 형태는 갖추었다 하더라도, 탑은 얼마 가지 못해 스스로 내려앉던지 아니면 작은 충격에도 무너지고 만다는 것이다. 그래, 그렇겠지? 결국 탑을 쌓는 일도 인생살이와 흡사하구나, 이런 생각을 한 적이 있었다.

나는 몇 차례의 심호흡으로 마음을 가다듬고 천천히 다시 시작했다. 오직 돌을 무사히 쌓아 올린다는 것 이외에는 아무 생각도 하지 않았다. 덕분인가, 일행이 절을 한 바퀴 돌고 모두 내려 간 뒤에야 겨우 본래 모습과 비슷한 탑을 만들 수가 있었다. 그러나 내가 돌을 얹으려 했던 맨 꼭대기는 일부러 비워둔 채 손을 털고 일어섰다.

바람이 분다. 나 때문에 돌과 함께 무너졌던 소원들이 아직도 제 자리를 찾지 못하고 탑 주위를 서성이는 것 같아 마음이 쓰인다. 운주사가 세워져 지금까지 이어져 온 천 년의 세월만큼 긴 시간이 지난 후 오늘 나처럼 이곳에 들른 나그네는 과연 무엇을 보게 될까?

사방에 놓였던 그 많던 조형물들은 세월과 함께 모두 사라지고, 사람들이 빌고 빌었지만 끝내는 이루지 못한 소망들이 작은 돌멩이로 변하여 잡초 위에 나뒹굴고 있을 것만 같다. 아! 사람이여, 소망이여, 기도여…….

그런 사랑

사람의 일생을 두고 누구와 가장 깊은 사랑을 나누었느냐고 묻는다면 분명하게 대답하기가 쉽지 않을 것이다. 그 어떤 사람도 제가 경험했던 사랑을 순서대로 구분하여 그 깊이와 크기를 정확하게 말할 수는 없을 테니까. 사랑은 그냥 움직이는 마음이요, 몸이 아니던가? 우러나는 감정 따라 꿈길처럼 가는 것일 뿐. 못 견디게 보채는 몸이요, 못 말리는 심장의 솟구침이다. 그래서 제 마음대로 할 수가 없고 제 뜻대로 되지 않으니 안타깝고 몸살이 나는 것이다.

이처럼 사랑이란 소리 없이 와서 운명처럼 둥지를 틀게 되는 그런 사건이다. 만약 필요에 따라 조절이 가능한 사랑이 있다면 그건 절대로 진실된 사랑이 아닐 것이다. 그러니 설령 몇 차례 다른 상대와 사랑을 나누었다 할지라도 매번 절실했었다고 말할 수밖

기다림-1 | 한지 수묵, 30호

에 없으리라. 사랑을 육체와 정신으로 구분하여 육체를 우선시 한다거나 정신만으로 사랑이 가능하다고 주장하는 사람들은 제 사랑을 모호하게 포장하기 위해 하는 말장난이지 사랑을 옳게 정의한 것이 아니라고 본다.

또 이별을 떠올려 보자. 누가 사랑하는 사람과 이별을 원하겠는가? 그러나 이별은 늘 일어나고 있고 이별의 아픔도 함께 생기고 있다. 이별이란 마음의 변덕이요 마음에 탈이 생긴 것이다. 비록 뚜렷하게 이유를 설명할 수는 없어도 그냥 마음이 그 사람에게서 떠나는 현상이다. 사랑이 우연을 가장하고 얼굴을 내미는 것처럼, 이별도 예고하지 않고 그렇게 찾아오는 가슴 아픈 사건이다.

진정 그대를 사랑했지만 더 좋은 사람을 만났다며 야속하게 떠나는 이도 있고, 사랑하지만 그 사랑을 지키기 위해 눈물을 머금고 이별한다는 억지도 있다. 참으로 쉽게 받아들일 수 없는 핑계들이지만 그 속마음이야 당사자 이외에는 어찌 다 알 수 있으랴. 다만, 거짓 사랑이 아니라면 아무도 이별을 치밀한 계획하에 결행하지는 않을 것으로 믿으면 될 일이다. 사랑을 교묘하게 이용하여 이익을 노리려는 범죄행위가 아니고서는 있을 수가 없는 일이기 때문이다.

나 또한 사랑이 시작되면 결코 이별은 없을 거라 확신하며 많은 것을 걸었지만, 정해진 순서마냥 이별이 왔고 다시 새로운 사랑이

거짓말처럼 찾아오기도 했다. 그러므로 사랑이 미소 지으며 그대에게 다가오거던 정성을 다하여 맞이해야 할 것이다. 모든 것을 다 바쳐 사랑하다 헤어진 아픔보다는 성심을 다하지 못한 사랑에 대한 후회가 더 클 것이기 때문이다.

하지만 내가 일생에 딱 한번뿐인 놀라운 사랑 즉, 나 하나만의 사랑이 존재하지 않는다고 말하는 것은 아니다. 누구에게나 그런 사랑은 숙명적으로 주어져 있을 터이고 현실에서 만나기만 한다면 더 없는 행운이 될 것이다. 단 하나의 사랑은 몸과 마음, 그리고 영혼도 함께 움직일 때 일어나는 일생일대의 큰 사건이다.

그 사랑은 출발부터 그대 가슴속에서 강한 불꽃으로 활활 타오르다가, 세월이 흘러 그대가 먼 길 떠날 때도 그 사랑의 열기와 함께 후회 없이 갈 수 있어야 할 터이다. 만일 삶이 그대로 인해 향기로웠고, 한없는 고통마저 그대 때문에 기쁨이 되었다는 그런 사랑을 만났다면, 그 누구라도 다른 사람과 새로운 사랑에 빠질 수는 없을 터이다.

만일 현실 속에서 그런 사랑을 만나 결혼하고 평생을 해로한다면 그보다 더한 행복은 없을 것이다. 그러나 설령 그런 사랑을 생전에 만나지 못한다 할지라도 너무 집착하여 애석해 할 필요는 없다고 생각한다. 왜냐하면 누구에게나 주어지는 어떤 숙명처럼, 그런 사랑도 개개인의 힘으로는 어쩌지 못하는 요소를 가지고 있을 것이기 때문이다.

각자에게 주어진 인생 여정에 따라 그런 사랑이 좀 더 일찍 찾아오거나 아주 늦게 만나지기도 할 것이고, 어쩌면 이번 생에는 오지 않을 수도 있을 것이다. 그러고 보면 사랑에 관한 한 나는 지독한 운명론자가 틀림없을 성싶다. 하지만 나는 그런 사랑을 계속 꿈꾸며 살고 싶다.

자꾸 줄어드는데

신체검사표를 제출해야 할 일이 생겨 병원을 찾았다. 내 차례가 되어서 키를 재었는데, 평소 내가 알고 있는 것보다 1센티미터나 작게 나왔다. 쉽게 이해가 되지 않아 다시 측정해 달라고 부탁을 했다. 최신 기계로 정확하게 재었으니 틀림이 없단다. 다음 칸막이에서 시력 검사를 했고, 왼쪽 눈이 교정 시력으로 0.6이라는 판정을 받았다. 지난해까지만 해도 0.9였다는 내 말에, 의사는 안경을 새로 맞추어 써보라는 조언만 던진다.

사람이 늙으면 키가 줄어들더라는 얘기에 설마 했고, 나한테까지 그런 일이 생기리라고는 믿지 않았다. 가뜩이나 크지도 않은 키에 더 작아졌다니 참으로 난감하다. 내 눈도 그렇다. 그동안 책 보는 데 별 지장이 없었고 다른 일을 하는 데도 전혀 불편함이 없었다. 그런데 갈수록 시력이 나빠진다니 덜컥 겁이 난다. 앞으로

책을 읽거나 원고를 쓰는 일이 힘들어지면 어찌할까, 또 운전하기가 불편하여 가야 할 곳을 쉽게 갈 수 없게 된다면 이 일은 또 어떡하나, 별의 별 걱정이 꼬리를 문다.

곰곰이 생각해 보니 이런 변화는 내 키나 눈에 국한된 것이 아닌 듯하다. 정도의 차이는 있을지 몰라도 생활 전반에 걸쳐 한결같이 줄어들고 약해져 가고 있었던 것이다. 특히 순발력이나 감각기능이 현저하게 떨어지고 있다는 것을 넌지시 알려준 사건이 한둘이 아니었는데 난 그냥 흘려보내고 말았다.

예를 들면, 수십 년 운전 경력에도 아무 탈 없던 내가 올해만 해도 벌써 두 번씩이나 그것도 아파트 주차장에서 일방적인 내 잘못으로 접촉사고를 낸 것과 같은 일이다. 이런 일련의 사건들은 내가 노년이 되자 어느 날 갑자기 밀어닥친 현상 같기도 하고, 오래 전부터 시나브로 찾아오고 있었던 것을 내가 예사로 여긴 까닭이지 싶기도 하다.

어떤 사람이 실제로는 많은 변화를 맞고 있는데 행동은 여전히 그대로라면 사는 일이 꽤 고단할 터이다. 지금의 내 처지가 바로 그런 지경이다. 눈이 나빠지면 너무 자세히 보려 애쓰지 말고 확실히 보이는 것들에 대한 애정을 키워가든지, 귀가 차차 어두워져 가면 불필요한 것 들으려 신경 곤두세우지 말고 들리는 것만으로도 잘 살아갈 채비를 해야 할 터이다. 또 내 몸의 근육량이 현저하게 줄었으니 더욱 조심하여 활동하는 게 옳을 것이고, 감정조절 능력도 많이 떨어졌으니 매사에 예민하게 반응하지 말아야 할 것이다.

그런데도 그러지 못하고 사니 딱한 일이다. 말은 점점 어눌해지는데 잔소리는 늘어가고, 행동은 느려져도 마음은 급하기 짝이 없다. 허리나 척추의 힘이 떨어지면 몸무게를 줄이기 위해 가능한 한 적게 먹어야 하는 데 나는 아직도 악착같이 먹어댄다. 그러고도 배가 나왔다고 지적을 받으면 기겁을 하며 펄쩍 뛴다. 술을 마시면 다음날이 고통스러울 게 뻔한데 아직 정정하다는 부추김에 만용을 부린다. 젊게 보인다는 소리에 기뻐하고 할아버지라 불리면 시큰둥해진다. 이런 것들이 바로 내 노후를 애먹이는 오기요, 집착일 것이다.

아내가 오랫동안 보살피던 난蘭 하나가 올해는 꽃을 피우지 않았다. 내년에는 더 좋은 꽃을 보여주려 저러는 것이겠지 하고 있었는데 자꾸 이상하게 변해 간다. 먼저 두어 개의 잎 끝이 시들하더니 옅은 노란색을 띠기 시작했고, 시간이 흐르자 더 짙은 노란색으로 바뀌면서 점점 뿌리 쪽으로 번져나갔다. 그리고는 갈색으로 끝내는 검은 색에 가까워져 아주 죽어 버렸다. 생명력이 죄다 빠져나간 잎을 손끝으로 눌러보니 쉽게 부서지고 만다. 식물의 사멸이란 것도 이렇게 수분을 잃어가는 과정에 다름 아니지 싶어 물기 하나 없는 잎을 쥐고 한동안 생각에 잠겨 있었다.

비단 이런 일이 식물만은 아닐 터이다. 사람도 몸 속의 수분이 줄어 일정량 이하가 되면 목숨을 부지하기 어려울 것이다. 아마 지금쯤은 내 몸 속의 수분도 꽤 줄어 있을 것이다. 사람이 나이가 들면 거기에 맞추어 마음을 비워 나가야 한다는 말이 이런 이유도 포함되었을 것이다.

작은 한 촉의 난까지도 제 수명을 미리 알고 꽃을 피우지 않았건만, 인간이라는 내가 줄고 있는 자신을 가늠하지 못하고 천방지축 날뛰고 있었다니 한심한 일이다. 생명을 가진 모든 것들이 세월따라 계속 줄어들고 약해지는 것을 피할 수 없다면, 오히려 그 과정을 지혜롭게 받아 들여야 했던 것인데…….

내가 산책길에서 자주 만나는 한 그루의 늙은 나무. 그 풍부하던 물기도, 무성하던 나뭇잎도 모두 떠나보내고 날마다 회색 빛깔을 더해 가며 겨울을 향해 조용히 서 있는 나무가 오늘따라 무척 편안해 보인다. 제게 달린 모든 것 미련 없이 다 내려놓고 한결 가벼워진 몸으로도 꼼짝 않고 견뎌내는 모습이 어려운 화두 하나 붙잡고 긴 참선에 든 노스님 같다는 생각이 든다.

더 없이 줄어든 상태로서도 오히려 평온해 보이는 저 나무의 경지를 어떻게 하면 깨달을 수 있을는지 나는 아직도 헤매고 있다.

동전 던지기

그 무덥고 지루하던 여름날, 우리는 어느 문학행사에 참석하려고 전라도 광주光州로 가고 있었다. 일행 중 P씨가, 지금 연꽃축제가 한창일 테니, 조금 돌아가더라도 먼저 무안으로 가보자는 제안을 했다. 그곳에 도착해보니 공교롭게도 축제는 어제 끝나버렸고 현수막이나 광고물, 나부끼는 깃발들만 요란했다. 기대했던 행사가 막을 내려 섭섭하기도 했지만 다른 한편 한갓지게 꽃을 볼 수 있어서 그나마 다행이었다.

내가 싱그러운 연으로 가득 찬 넓은 못을 가로질러 놓여 있는 야트막한 나무다리를 건너고 있을 때, 바로 앞에서 들리는 왁자지껄한 소리에 놀라 잠시 걸음을 멈추었다. 다리 위에는 중년으로 보이는 사내 6-7명이 동전 던지기를 하며 지르는 소리였다. 동전을 연 잎에 올린 사람에게 단단히 한 턱 쏘기로 결정했었는지 열기가 대단했다. 차례대로 나서서 신중한 자세로 던져보지만 쉽지가 않은 모양이다. 벌써 한 사람이 몇 개씩이나 동전을 던진 것 같은데 아직 아무도 성공하지 못한 것 같다.

드디어 동전 한 개가 연잎에 올라 앉았나 보다. 일제히 와! 하는 함성과 함께 박수 소리가 이어졌고, 축하한다며 등을 두드리는 사람도 있었다. 동전 올리기에 성공한 사람은 마치 큰 일이나 해낸 듯 두 손을 번쩍 치켜들어 만세를 불렀고, 곧이어 그를 에워싸고 모두가 웃고 떠들며 그 자리를 떠나갔다.

바로 뒤따라 내가 그 연잎 가까이 다가갔을 때 바람 한 점 없었는데도 연잎이 가만히 옆으로 기울더니 예의 동전을 망설임도 없이 흙탕물에 빠뜨리고 말았다. 그만한 크기의 연잎이라면 동전 하나쯤이야 올려놓고도 얼마든지 참을 수 있으련만 한사코 몸을 비틀어 동전을 내다버리는 심사는 무엇일까?

그런 모양을 보며 문득 사람이란 별다른 의미도 없는 행동을 하면서도 억지로 거기에 뜻을 붙여 고단한 삶을 위안 받으려 하는 속성을 지닌 존재가 아닐까 하는 생각이 들었다. 우리가 일상에서 일어나는 우연한 사건을 두고도 좋은 일이 생길 징조라고 믿고 자위하는 경우가 얼마나 많은가? 지난 주에 당첨된 복권을 팔았던 가게에서 새 복권을 사기만 해도 당첨될 가능성이 높을 것이라고 믿는 것이나, 점술인의 부적이나 예언에 매달리는 일이 모두 다

그럴 것이다.

오래 전 내가 로마에 갔을 때 동전을 한 번 던지면 로마에 다시 오게 되고, 두 번을 던지면 사랑이 이루어진다는 전설을 간직한 트레뷔 분수를 찾았다. 그곳에 서서 로마에 다시 오게 해 달라고 마음속으로 빌며 등 뒤로 동전을 던졌다.

정말 행운이 왔는지, 전설이 사실로 되었는지 바로 다음해에 좀 더 여유 있는 일정으로 로마를 볼 수 있었다. 두 번째 방문에서도 나는 기꺼운 마음으로 트레뷔 분수에 동전을 던지며, 만일 세 번째로 로마에 오게 된다면, 콜로세움 원형경기장 한가운데 서서 애국가를 부르겠다고 다짐했었다. 하지만 나는 아직 로마에 가지 못하고 있다.

이런 동전 던지기가 어찌 트레뷔 분수만의 일일까? 우리가 쉽게 접하는 사찰 주변의 웅덩이나 연못 속에 놓인 그릇이나 돌이 동전을 던져볼 만한 형태를 갖추고 있으면, 언제나 그 주변이 어수선할 정도로 많은 동전이 흩어져 있음을 보게 된다. 나도 그런 적당한 장소를 만나면 즐겨 동전을 던졌다. 겉으로는 웃으며 재미로 그런다고 말은 했지만 숨겨진 나의 속내는 그런 게 아니었다.

만약 내가 목표로 삼았던 곳에 동전이 바로 떨어지면 생각지도 못한 행운이 올 수도 있을 것이라는 은근한 기대가 항상 나를 긴

장시켰다. 또 복잡하게 엉킨 일이라도 있을 때면 당장 속 시원하게 문제를 풀 수 있는 비책이라도 떠오를 것이라는 기대를 품기도 했었다. 그러나 유감스럽게도 열심히 동전을 던지며 기원했던 많은 일들이 뜻대로 이루어졌는지에 대한 기억은 전혀 없다. 다만, 어려웠던 문제의 해결은 언제나 원점으로 돌아가 처음부터 차분히 다시 시작했을 때 겨우 풀리곤 했다는 기억만 남아있다.

뒤돌아보면 내가 살아 온 길이 분수噴水에 동전 던지기에 다름 아니었구나 하는 후회가 적지 않다. 평소 내가 쏟은 노력에 비해, 또 내가 가진 능력에 비해 항상 더 좋은 결과를 기대하고 바랐던 내 생활태도가 기회만 오면 동전을 던지게 만든 원인이 되었을 수도 있었으리라. 정말로 내 소망을 이루어 줄 행운이 어딘가에 숨어있어서, 나에게도 한 번쯤 그런 행운을 만날 기회가 찾아 왔으면 좋겠다고 간절히 빌었던 지난날이 민망하다.

인생살이가 한낱 환상에 불과하다 했는데 그 꿈같은 환상 위에 기약 없는 환상을 덧칠해가며 보낸 세월이 너무 길었다는 생각이 든다. 나 이제라도 그런 짓을 그만 두어야겠다. 오늘 저렇게 큰 연잎조차도 동전던지기의 부질없음을 몸소 보여주지 않았던가!

겁나는 세상

오직 먹고 살기 위해 전력 질주했던 지난날을 생각하면 힘없는 노년이 된 지금이 나는 너무 억울하고 분하다. 어떤 사람들은 노후가 오히려 더 편안하고 행복하다는데, 내 심기는 그다지 편하지 못하다. 요즈음 내가 만나는 또래들의 얘기를 들어보면 세상 겁나서 못살겠다고 한 숨을 내쉰다. 어떤 친구는 이렇게 넋두리를 한다.

"소식이 뜸하던 아들이 갑자기 들이닥쳐도 겁나고, 서먹했던 지인의 방문에도 가슴이 철렁한다. 돈 벌게 해준다는 친척도 무섭고, 돈 빌려 달라는 이성 친구도 은근히 두렵다. 금리를 내린다는 소문만 들려도 걱정이 한 짐이다. 술 먹는 자리도 부담이고, 고스톱도 이미 신나는 놀이가 아니다. 혼자 밤길 나서기도 조심스럽고, 젊은이들과 부딪혀도 흠질 놀란다. 밤중이나 새벽에 걸려오는 전화도 무섭고, 낯선 번호가 뜨면 더욱 불안하다. 매일 타는 버스나 지하철마저도 밀어닥치는 승객을 비집고 먼저 오르기는 자신이 없으니 이를 어쩌나 싶다." 라고.

십수 년 동안 검술을 익힌 나도 무섭기는 마찬가지다. 혼자 산길 가기도 무섭고, 목욕탕에서 등짝에 큰 문신을 한 젊은이를 만나도 찜찜하다. 어쩌다 친구와 오붓하게 막걸리 한 잔 하려 해도 옆 자리 취객들의 고함소리에 주눅이 든다. 운전 잘 못했다고 차창을 내린 상고머리의 젊은이가 고함을 질러도 씩 웃어야 하는 현실이 아프다. 길을 가다가 못 볼 꼴을 봐도 모른 체하고, 싸움도 남 먼저 나서서 말리지 못한다.

정치인들이 말도 안 되는 소리로 날마다 떠들어대도 꿀밤 한 대 먹일 용기도 내보지 못하고, 한 끗발 하는 회사가 먹는 것 가지고 장난을 쳐도 불매운동 한 번 못해봤다. 그런데도 늙은 아내는 '당신 성질 죽이지 않으면 어떤 봉변을 당할지 모르는 세상이니 조심하라고' 자꾸 겁을 준다.

내 비록 나이가 들었을망정 조금은 관대하고, 때로는 품위를 지켜가며, 드물게는 옹골찬 어른 행세도 하며 살고 싶은데 현실은 나를 사정없이 눈치 밥 속으로 패대기 쳐버린다. 아마 나뿐이 아니고 많은 노년들이 우리 사회에 차고 넘치는 이기심 때문에 제대로 기를 펴고 살고 있지 못할 터이다.

요즈음은 일찍 일어나 티브이를 켜면 대뜸 나오는 소리가 사망보험 들라는 얘기다. 죽고 나면 일천만 원 주니 자식에게 큰 힘이 된다고 우겨댄다. 또 있다. 우리가 운영하는 상조회가 가장 신용 있고 사후처리를 잘 해주니 속히 가입하라고 야단이다.

가능하다면 죽음을 생각하지 않고 하루하루를 열심히 살다가 때 되면 미련 없이 떠나가야 할 나이를 사는 나에게 그런 광고가 주는 스트레스가 도를 넘는다. 아, 사랑은 고사하고 남을 배려하지 않는 행위가 기승을 부리는 험난한 세상에서 어떻게 살아가야 할지 몹시 걱정이다.

조물주의 감시카메라

세상은 바야흐로 감시카메라가 판치는 곳으로 변하고 말았다. 이제는 누가 어느 장소를 가도 감시카메라의 눈을 피하기가 어렵게 되어버렸고, 하루에도 수십 차례 원하지 않는 사진을 찍히는 신세가 되었다. 이게 모두 서로가 믿지 못해 설치한 장비라 생각하니 부끄럽고 창피하다. 하지만 감시카메라가 종종 범인을 잡는 결정적 단서를 제공하기도 하고, 범죄 예방의 효과도 있다 하니 사생활 침해를 앞세워 설치를 반대하는 데도 한계가 있지 싶다.

그렇지만 우리가 계속 감시카메라에 의존한다면 또 다른 문제에 부딪힐 수도 있을 것이라는 게 내 판단이다. 가령 아무리 돈을 많이 들여 도시 곳곳에 그것을 설치해 놓았다 하더라도 일부 기계가 고장이 나서 멈추어 버린다든지, 찍기는 했어도 화상이 흐릿하여 읽을 수 없는 곳이 있다면 소용이 없을 것이다. 또 범죄자가 미리 알고 사전에 철저한 대비책을 세운다면 감시카메라의 효용이 대폭 떨어질 것은 뻔한 일이다.

만약에 이런 사태에 놓인다면 그나마 유일한 해결책은 양심에 의존할 수밖에 없을 것이다. 사람들이 양심을 속이는 일이 너무 잦아서 그것들을 설치하는 판인데 끝내는 양심에 의지해 문제를 풀 수밖에 없는 모순에 노출되는 셈이다. 누군가가 '세상을 망치는 것도 인간이요, 그런 세상을 치유하는 것도 인간이다' 라고 말했다지만 참 인생살이가 아이러니의 연속이다.

이 세상에는 애초부터 사람의 숫자만큼이나 많은 감시용 카메라가 있었다. 조물주가 사람을 창조하며 제 스스로를 잘 감시하라고 카메라렌즈 대신 성능이 우수한 눈을, 또 바라본 영상을 제대로 인화하도록 두뇌까지 한 세트씩 주셨기 때문이다. 그러나 그것을 본래의 목적대로 잘 쓰기만 했더라면 아무 문제가 없었을 것을 그러지 못했기 때문에 기계의 감시하에 살게 된 것일 터이다.

경찰의 조사과정이나 법정에서도 위증이 난무하고, 상대방을 궁지로 몰기 위해 없었던 일도 있었던 것으로 치밀하게 조작하는 오늘이다. 남편을 감쪽같이 속여 아내가 일을 저지르기도 하고, 그 반대의 경우도 비일비재하다. 제가 주동하여 벌인 사건도 궁지에 몰리게 되면 자기는 쏙 빠지고 힘없는 추종자를 내세우기 일쑤다. 시급하고 중요한 문제를 앞에 두고도 자기에게 불리하면 아는 내용도 모른다고 머리를 절레절레 흔든다.

이런 일들이 우리 일상에 깊이 파고들어 남 속이는 짓이 일말의 가책도 없이 행해진다면 조물주에게 받은 감시카메라가 황당한 지경을 당할 수도 있을 것이다. 왜냐하면 사람들이 제 이익을 위해 정상적인 두뇌활동을 일부러 방해하거나, 바른 기억을 틀린 것으로 인식하도록 억압하면 두뇌가 미리 알아채고 고장을 자초해 버릴 수도 있을 것이기 때문이다. 그대로 두었으면 아무 탈이 없었을 것을 제 욕심 때문에 뇌를 혹사하다가, 그것이 수명을 다하지 못하거나 특정 기능이 일찍 퇴화해 버린다면 끔직한 일이 아니겠는가?

요즈음 치매뿐 아니라 여러 종류의 정신질환이 놀라울 정도로 늘어나고 있단다. 물론 치매만 해도 그 원인이 아직은 명확하게 밝혀지지 않았다는 사실을 모르는 바도 아니다. 그러나 적지 않은 젊은이들까지 정신병 증세에 시달리고 있다니 이를 어떻게 받아들여야 할지 난감하고 곤혹스럽다.

나는 일상에서 제 기억 시스템을 정직하게 또 양심에 입각하여 순리대로 사용하기만 해도 뇌의 고장 율을 대폭 줄일 수 있을 것이라고 굳게 믿고 있다. 또 그런 환경을 만들기 위해 어른들이 더 적극적으로 모범을 보여야 된다고 생각한다.

누가 내게 묻는다면

누가 나에게 남은 날을 어떻게 살고 싶으냐고 묻는다면 나는 망설이지 않고 걸리는 데 없이 좀 자유롭게 살아보고 싶다고 대답할 것이다. 만일 내 환경이 허락한다면 잡다한 인연 다 털어버리고 오늘부터라도 자유인으로 살고 싶은 마음 간절하다. 그러나 내가 아무리 발버둥쳐도 고단한 지경을 벗어나기가 좀처럼 쉽지는 않을 것 같다. 왜냐하면, 오랫동안 부대껴 온 일상이 남긴 긴 그림자가 은연중에 내 발목을 붙잡고, 복잡한 세상사와 더불어 발달한 문명의 이기들이 나를 그냥 놓아줄 리 만무하기 때문이다.

심장이 강하지 못한 나는 날마다 가슴 벌렁거리며 아침을 맞는다. 밤사이에는 어떤 사건이 국내외적으로 터졌으며, 오늘은 또 무슨 놀랄 일이 벌어질까 은근히 염려되어서다. 정치권은 무엇을 문제 삼아 나를 우울하게 만들고, 정부는 돌연 어떤 계획을 발표하여 나를 당황스럽게 할까 생각하면 마음이 편하지 않다. 제 권리만을 주장하는 수많은 단체가 날마다 거리를 점유하고 제 이익을 빼앗겼다며 아우성이지만, 내가 누구의 편을 들어야 할지 고개를 갸우뚱거릴 때가 많다. 또 방송은 방송끼리, 신문은 신문대로 저들만의 아성을 구축하고 입맛대로 떠들며 쓰고 있으니.

광범위하게 발달한 통신망에 얽힌 내 처지도 결코 녹록한 건 아니다. 마치 거대한 거미줄에 걸린 잠자리 신세라 하면 알맞은 표현이 될까? 내 비록 신세대는 아닐지라도 단 하루도 통신기기에서 완전히 벗어났던 적이 없다. 휴대전화만 해도 그렇다. 나는 내 능력으로 감당할 수 있는 수준만큼만 통신기기에 가까워지려는 생각에서 늘 한참이나 성능이 떨어지는 구형 전화기를 쓰고는 있지만, 그것마저도 제대로 작동시키지 못해 쩔쩔맬 때가 적지 않다.

인터넷을 들여다봐도 역시 그렇다. 제가 관여하는 홈페이지나 카페, 이-메일에 하루에도 몇 번씩 들어가 편지 내용도 읽어야 하고, 단체의 공지사항도 살펴야 한다. 온라인에 게재된 글에 더러는 꼬리말도 달아야 하고 간혹 제 글도 올려야 한다. 이런 일만이면 그나마 다행일 텐데 어떤 날은 나에게 온 엉뚱한 메일이나 턱도 없는 정보가 주는 스트레스 때문에 온종일 우울하기도 하다.

장차 사람들은 고도로 발달한 인공지능의 전자제품이나 통신기기들에 둘러싸여 살 수밖에 없을 게다. 이런 미래사회가 언뜻 보기에는 재미있고 편리할 것 같아도, 사람과 사람의 관계는 더욱 멀어지고 인정도 메말라 갈 가능성이 커질 것이다. 지금도 사람 사이에 자꾸 기계가 끼어들고 부모와 자식간에도 오락게임이 훼방을 놓는 판이다. 할머니는 손자가 보고 싶어 눈물짓는데 그 손자는 컴퓨터를 잘 모르는 할머니를 슬슬 피하고 있는 실정이다.

아마 해가 갈수록 우리네 삶은 자기만을 위해 높이 쌓아 올린 정보의 탑 속에 안주하며 가까운 사람조차 그 영역 안에 들이기를 거부하게 될 것이다. 아! 정말 이러다가는 인간들 모두가 기계를 닮아 따뜻한 감정 죄다 잃고 금속처럼 차갑기만 할까 봐 두렵다. 만일 인간에게 따뜻한 사랑이 없다면 무엇으로 아름다움을 노래하고 무엇으로 내일의 꿈을 얘기할 수 있을 것인가!

점차 세력을 확장하여 무섭게 밀어닥칠 IT산업의 높은 파고를 정면으로 맞설 능력도, 헤치고 나갈 기술도 없는 내가 가중되는 스트레스에 연일 시달리기보다는 차라리 내게 안성맞춤인 곳으로 멀찍이 피해 가버리는 게 상책일 성싶다. 하여 누가 나에게 다시 묻는다면 '나는 문명의 손길이 미치지 않는 먼 오지로 가서 원시인처럼 살고 싶다' 고 고쳐 말할 것이다.

붓을 놓지 못하고

매년 연말이 되면 대구의 한 동사무소에 얼굴 없는 천사가 찾아와 쌀을 잔뜩 실어다 놓거나, 많은 돈을 전달하고는 말없이 사라진다고 한다. 벌써 수년째라 안면 있는 동 직원이 신원을 밝혀주기를 암만 간청해도 끝내 뿌리치고 가버린단다. 그의 행위는 겨울의 찬바람을 녹이고 삶에 지쳐 메말라버린 가슴을 촉촉하게 적셔준다. 국민의 혈세를 받아 잘살면서도 거꾸로 나라를 위해 좋은 일 한다고 우쭐대는 사람들이 부지기수인 세상에서 그는 보석과 같은 존재다. 그에 대해 아는 정보가 전혀 없는 우리는 그를 키다리아저씨라 부르며 궁금증과 더불어 존경하는 마음을 키워가고 있다.

근래에 와서 자기가 일생을 바쳐 얻은 결과를 사회에 환원하고 홀가분하게 떠나는 미담의 주인공들이 늘어나는 경향을 보이고

산과 구름 | 한지 수묵, 15호

있다. 무척 고무적인 일이다. 더불어 재능기부 운동도 비교적 활발하게 전개되고 있으니 백 번 다행한 일이라 해야겠다.

세상 살기가 팍팍하고 힘들수록 상대적으로 사회를 위해 봉사하는 사람이 늘어난다면 우리 사회에 남은 마지막 희망이 될 수 있을 것이다. 큰 단체를 만들어 공개적으로 모금을 하여 남을 도와주는 일을 감히 폄하할 수는 없지만, 남 몰래 개인적으로 어려운 이웃을 돕는 아름다운 얘기가 우리를 더 감동하게 만드는 이유도 여기에 있을 성싶다.

과연 나는 무엇을 남 앞에 내놓을 수 있을까? 지금에 와서 내 스스로를 돌아보면 혼자서도 기막히다. 그간 내가 살아온 날을 따져보면 제법 긴 세월인데 그 내용은 설명하기조차 궁색하다.

한창때 나는 돈 버는 일에 매달려 다양한 기회의 문을 스스로 걸어 잠그고 살았다. 그래 보았자 생각한대로 돈을 왕창 번 것도 아니요, 목표한 일을 만족하게 이루어 낸 것도, 내 것을 떼내어 사심없이 나눈 기억도 없다. 심지어는 그다지 괜찮은 가장家長도 못되었던 것 같다. 더러는 내가 인생을 참 열심히 살았다고 자위한 적도 있었는데, 실상은 뭐하나 뚜렷하게 내세울 게 없다. 그저 혼자만의 판단으로 인생을 부산하게 어질러 놓기만 한 결과일 터이다.

다행히 나는 오랫동안 한국화를 그려왔다. 나는 내 그림 수준이 어느 정도인지 정확하게 알지 못한다. 그래도 나는 전시회에서 평

판이 좀 괜찮았던 작품들을 따로 정리해 두었다가 꼭 선물하면 좋겠다고 여겨지는 사람에게 사심 없이 전해주곤 했다. 벌써 10년쯤 계속된 일이다. 이 일은 내가 붓을 들 수 있는 힘이 남아 있을 때까지 계속할 생각이다. 굳이 토를 달자면 나로서는 나름의 재능기부를 하고 있는 셈이다.

평소에 보면 우리 집 아이들은 그림에 별 관심이 없다. 그런 까닭에 나는 내 그림을 유산으로 물려줄 생각을 전혀 하지 않고 있다. 그러니 그림이 벽장에 쌓여 햇볕 한 번 못보고 가만히 숨죽이고 있는 것보다야, 다른 이들의 손에서 더 가치있는 삶을 산다면 무척 다행한 일이 아니겠는가? 혹시 또 모르지, 내가 떠나고 세월이 한참 흐른 후, 내 그림 값이 훌쩍 뛰어 지니고 있던 이들에게 보관료라도 톡톡히 낼 수 있게 될지.

시간을 바람 삼아

바람이 몹시 부는 날, 높은 산에 올라가 눈앞을 빠르게 스쳐 지나가는 구름을 본 적이 있는가? 가만히 보고 있으면 부드러운 솜을 잘게 찢어서 날려버린 것 같은 엷은 구름 조각들이 눈 앞에 잠깐씩 날개를 펼치다가는 흔적도 없이 사라진다. 조금 전까지 없던 구름이 금방 생겨나고, 있던 구름도 슬그머니 없어진다. 하늘은 꿈쩍 않는데 내 가까이 있는 구름일수록 안개같이 변하여 환영처럼 움직인다. 구름의 탄생과 소멸이 실로 한 순간이다.

내가 백두산 천지에 올라갔을 때 이런 현상을 똑똑히 보았다. 현장에 도착하여 천지를 바라본 순간, 운무라고 불러야 할 엷은 구름이 못을 가리고 있었다. 지난번에 와서도 보지 못하고 무거운 발걸음을 돌렸는데 오늘 또 못 본다 생각하니 마음이 심란하다. 이럴 수는 없다, 끝을 보아야지. 나는 못 주변의 조금 높은 바위에 올라 아예 좌정하고 앉았다.

심호흡을 하며 무심히 바라보고 있으려니 이상하게도 안개 같은 구름 속으로 못이 푸른 빛을 띠며 점점 떠오르는 환영이 일어났다. 그러나 그건 환영이 아니었다. 때마침 불어온 강한 바람이 놀랄 만치 빠른 속도로 구름을 걷어가고 있었기 때문이었다. 얼마 후, 못은 환히 얼굴을 드러내 주었다.

나는 내 눈을 의심하며 못만 바라보고 있었다. 갑자기 이쪽 저쪽에서 "와, 천지다! 천지가 보인다!" 하며 내 지르는 고함소리에 나도 자리에서 벌떡 일어났다. 사람들은 신비한 못의 정경에 놀라고 하늘보다도 더 파란 물 색깔에 감탄하면서 연신 카메라의 셔터를 누른다고 정신없이 돌아가고 있었다.

나도 위치를 바꾸어 가며 사진 몇 장을 찍고 조금 더 아래로 내려가 못을 살피고 있었다. 채 30분이나 지났을까? 갑자기 구름 한 자락이 몰려와 못을 덮기 시작하더니 뒤이어 차곡차곡 와서 쌓인다. 순식간에, 정말 순식간에 그 신령스럽기까지 하던 천지는 간곳없이 사라져 버리고 차가운 빗방울까지 후드득 떨어진다. 내 허망한 심사는 쉽게 떠나지 못하고 못 언저리를 돌고 또 돌고.

그 곳에서는 시간이 바람 되어 구름을 좌지우지하고 있었다. 천지天池는 하늘처럼 가만히 있는데 사람들의 눈에는 좀 전에 있던 못이 금세 사라지고 만 것이다. 아마 인생살이도 이와 같을 것이다. 욕망에서 비롯된 환상도 시간 앞에서는 그저 스쳐지나가는 구름인 양 허망하기가 이를 데 없으리라. 기쁘고, 슬프고, 괴롭고, 억울하고, 분한 마음 또한 바람에 밀려 빠르게 지나가는 얕은 구름에 지나지 않을 것이다. 폭발 직전의 감정 앞에서 길게 휘파람 세 번만 불고 나면 큰 화를 면할 수 있다는 말도 이런 의미가 아니겠는가?

하지만 나에게 닥친 현실은 사뭇 다르다. 내 본심은 언제나 그대로인데 공상으로 만들어낸 허상들이 마치 현실처럼 왔다가 금세 사라지기를 여전히 반복하고 있다. 내 마음 위에 나타나 지금의 나를 지배하고 있는 이런 잡다한 환상도 진정한 내 자신이 아닌 게 분명하건만 다른 사람들은 그게 진짜 나라고 여기고 있다. 이를 간과하고 내 생각이나 속마음을 몰라준다고 안타깝게 여겨 홀로 상처를 입는다면 그 또한 불행을 자초하는 꼴이 되리라.

하루에도 수없이 왔다가는 이런 허상들을 무시하기만 한다면 언제라도 고요한 내 본령을 볼 수가 있으련만 아직도 멀었을 뿐이다. 백두산 천지 위의 변화를 보며 시간이야말로 헛된 욕심을 치유하는 가장 뛰어난 치료제라고 확신했던 일을 자주 상기해야겠다. 나 이제야말로 정녕 흐르는 시간을 바람[風]삼아, 시도 때도 없이 나를 흔들어대는, 속된 환상들을 자주 쓸어내야 할 때를 맞은 것 같다.

가을, 그 쓸쓸함에 대하여 | 한지 수묵, 30호

사람의 가을 3

사람의 가을 | 무지개 피어나다 | 백수의 행복 | 말도 못하고 | 좋은 글 타령 | 엉뚱한 대답 | 취미생활의 함정 | 경고 메시지 | 약속할까요 | 제 8요일의 사랑

사람의 가을

팔공산 일주도로는 언제 달려도 좋다. 대도시를 끼고 이렇게 운치 있는 길이 있다는 것은 실로 축복이 아닐 수 없다. 나는 단풍이 절정으로 치닫고 있을 때 한 번 더 눈에 담아 두려고 혼자 길을 나섰다. 동화사 관광단지를 지나 수태골 언덕을 막 넘었을 때였다. 저만치 6~7명의 등산객이 한 줄로 서서 걸어간다. 그런데 이상하게도 짊어진 배낭 옆구리에 하나같이 제법 큰 보퉁이를 달았다. 어떤 이는 손에도 짐을 들었다. 궁금증이 발동하여 그들을 스쳐 지나가 차를 세우고 살펴보았다.

가까이서 보니 배낭에 주렁주렁 매단 것은 다름 아닌 쓰레기봉투였다. 이제 산행문화도 많이 달라져서 제가 배출한 쓰레기는 도로 가져오는 것이 상식이라 한다. 그런데 막상 내가 도시 근교의 산을 올라보면 여전히 곳곳이 쓰레기로 더럽혀져 있다. 여기

저기 붙어 있는 팻말에는 귤껍질을 버리지 말라거나 쓰레기를 투척하면 벌금을 내야 한다는 경고문이 쓰져 있어도 그저 형식일 뿐이다.

오늘 저들이 가져온 쓰레기는 그 양으로 미루어 볼 때 결코 자기들이 배출한 쓰레기만은 아닐 것이다. 아마도 그들이 머문 주변을 작심하고 청소했으리라. 가파른 산길을 내려오려면 제 몸 하나 건사하기도 힘들 터인데 매달거나 들고 오느라 고생이 적지 않았을 터이다. 진정 산을 아는 정직한 사람들이다. 내 옆을 지나가는 그들의 밝은 표정과 힘찬 발걸음을 보면서 덩달아 나도 기분이 좋아졌다.

다시 길을 잡은 나는 굽이가 심한 오르막길을 따라가다가 산 정상쯤에 자리잡은 휴게소에 들렀다. 어묵을 파는 조그만 가게가 눈에 들어왔다. 젊은 새댁이 어묵을 사서는 뜨거운 김이 피어오르는 국물을 애써 식히고 있다. 잠시 후, 내 가까이에 있는 탁자로 걸어온다. 의자에는 아이가 아니고 할머니가 한 분 앉아 있다. 머리 모양새나 얼굴에 진 주름, 입성 등을 보아하니 칠십 중반은 된 듯하다. 할머니는 눈이 어두운지 꼬치 조각을 자꾸 탁자에 흘린다.

마주앉은 새댁이 재빨리 어묵 그릇을 제 앞으로 당겨 놓더니 잘게 잘라서 하나씩 할머니 입에 넣어준다. 어쩌다 떨어뜨리면 새댁이 얼른 주워 먹고, 다시 새것을 집어 조심스레 먹여준다. 딸인가,

며느린가? 하기야 그게 무슨 상관이랴. 그 모습을 보고 있자니 자꾸 눈물이 난다.

나는 얼른 커피를 받아 들고 밖으로 나와 철책에 기대어 멍하니 산 아래를 내려다보고 있는데, 바로 밑에서 두런두런 말소리가 들린다. 노부부였다. 오늘 주운 단풍잎을 땅바닥에 늘어 세워 커다랗게 글씨를 쓴다. 숨죽이고 보노라니 점점 글자가 분명해진다. 남편은 건강이라는 글자를 썼고 아내는 사랑이다. 두 사람은 써진 글자를 읽으며 서로 마주본다.

눌러 쓴 챙 넓은 모자 때문에 얼굴은 제대로 보이지 않았지만 바람에 날리는 은빛 머리카락이 가을 햇살을 만나 억새꽃으로 흔들린다. 황혼 길에 들어선 두 사람의 다정한 몸짓을 보노라니 긴 시간을 두고 잘 익은 포도주가 생각난다. 나는 입안에 남아 있는 은은한 커피 향과 눈에 어리는 고운 낙엽을 데리고 콧노래를 흥얼거리며 꼬불꼬불한 산길을 따라 동화사 쪽으로 다시 돌아온다.

한참을 왔다. 길 왼편으로 제법 넓은 주차장이 있고 팔려가기를 기다리며 죽 늘어선 과일들이 풍성하다. 널찍한 멍석 위에 잘 익은 감을 잔뜩 쌓아놓은 초로의 아주머니가 눈에 띈다. 다른 이들은 하나같이 지나는 사람들을 눈여겨보거나 과일을 사라고 은근히 부추기고 있었지만, 예의 아주머니는 입을 꾹 다문 채 정신을 집중하여 감만 손질하고 있다. 그 많은 것을 하나 하나 모두 닦을

태세다. 아마 지금 그녀는 손수 농사지은 감만을 닦는 것이 아니고 자신의 삶도 함께 닦고 있으리라. 어쩌면 검불도 붙고 흙도 묻기 쉬운 일상을 가급적 정갈하게 닦아 남 앞에 내놓고 싶은 것일테지. 순간 흘러내린 땀방울이 붉은 감 위에서 영롱한 빛으로 반짝인다. 눈부시다.

지금의 세상이 온갖 추악함으로 도배한 것처럼 보이지만 그래도 감동적인 얘기가 더 많은 세상 아닌가! 오늘 내가 만났던 사람들이 만들어 낸 가을 풍경 같은 장면이 자꾸 늘어나 모두의 가슴이 저절로 따뜻해졌으면 좋겠다. 아, 이 가을에 나도 숨겨진 아름다움을 알아보는 눈을 더 밝혀야겠구나.

무지개 피어나다

우리 아파트 정문을 나와 길을 건너면 바로 왼편으로 하얀 3층 건물이 있다. 처음 건물을 지었을 때, 1층 중간에 위치한 작은 점포가 [세 놓습니다]란 이름표를 달고 수줍은 듯 얼굴을 내밀었다. 예의 점포는 도로에 접한 부분이 네댓걸음 밖에 되지 않았지만 안으로는 꽤 깊이 들어가서 길쭉한 사각형 모양을 하고 있었다. 거기다가 제법 크고 번듯한 두 점포 사이에 끼어 있어서 태생부터가 험난한 앞길을 예고하는 듯한 그런 곳이었다.

하지만 업종만 잘 선택하면 장사하는 데는 문제 없으리라 판단한 듯, 열쇠가게가 용감하게 첫 발을 내디뎠다. 새 아파트 단지가 주위를 에워싸고 있었던 까닭인지 개업 후 꽤 장사가 잘 되었다. 당연히 우리 집 열쇠도 그 곳에서 맞추었고 이웃도 모두 그랬다. 그러나 1년쯤 지나자 가게는 눈에 띄게 한산해져 갔다. 어느 날 아침, 그 자리에는 [인테리어 전문점]이란 간판이 나붙었고 열쇠 집은 흔적도 없이 사라졌다.

그리고 또 한 해가 지났을 무렵에 장난감 가게가 입주를 했다. 나는 간혹 인테리어 가게에 들러 이것저것 둘러보고 필요한 것을 사며 주인과 제법 친숙해졌었는데 업종이 또 바뀌었으니 심드렁할 수밖에. 반 년쯤 흘렀을까, 예의 가게에서 요란한 소리가 귀를 때리고 먼지가 뿌옇게 날렸다. 슬쩍 들여다보니 어느새 장난감들은 간곳없고 상품진열대가 무심한 망치질에 박살이 나고 있었다.

내가 며칠 출장을 다녀와 보니 그 곳엔 수입품만을 취급하는 참한 문방구가 새로 생겨 있었다. 동네에 학생들이 많으니 이번에는 업종을 잘 잡은 것 같다고 은근히 좋아했는데 그 판매상 역시 불운을 피할 수가 없었던 모양이다. 문방구가 얼마 버티지 못하고 문을 닫으니 신발가게가 들어섰다. 그 신발가게마저 슬며시 없어진 후, 그 곳은 텅 빈 채로 밤이면 어둠으로 가득 차 있었다. 매일같이 지나다니는 나도 덩달아 무관심해지고 말았다.

그러던 어느 날, 예의 점포 앞에 아주 젊은 아낙이 보채는 아이를 업고 서성이고 있었다. 쉬고 있던 가게가 또 내부 공사로 몸살을 앓는 중이었다. 문 밖에는 작고 예쁜 조화造花들이 물컵만 한 화분에 심어져 겹겹이 늘어서 있었다. 순진하기만 한 인상의 그 아낙은 공사하는 것을 지켜보며 연신 웃음을 띠며 꿈꾸는 듯한 표정으로 간판을 올려다보곤 했다. 그러나 이상하게도 내 마음속에는 기쁨보다는 안쓰러운 마음만 일고 있었다. 나는 '제발 장사가 잘 되어야 할 텐데' 하는 걱정을 또다시 얹고 말았다.

하지만 내가 그처럼 번성하기를 바랐던 그 가게는 채 몇 개월도 버티지를 못했다. 결국 오늘 새댁은 눈에 가득 물기를 담고 침통한 표정으로 가게를 지켜보고 섰다. 공들여 꾸몄던 실내 장식이 우지직하며 뜯겨나가는 소리가 들릴 때마다 가슴이 울컥 치받치는지 두 손을 앞으로 꼬옥 모은 채 눈을 질끈 감아버린다.

환한 얼굴로 미소 지으며 공사를 독려하던 젊은 엄마의 모습이 어제일 같이 떠오르는데 이제는 영락없이 먼 길 떠나는 사람의 슬픈 표정이다. 아무 사회적 경험도, 금전적 여유도 없어 보였던 저 아낙이 이제 무엇으로 용기를 내어 다시 도전한단 말인가? 나는 더 이상 지켜볼 수가 없어 가던 길을 재촉하고 말았다.

둘러보면 예의 가게처럼 하는 일마다 지독하게 풀리지 않는 인생도 적지 않다. 평생을 제 소망과는 전혀 다른 삶을 살다가 쓸쓸히 세상을 등지는 사람도 있고, 선한 마음으로 더없이 착하게 살아도 그게 약점이 되어 늘 남에게 이용만 당하는 그런 이들도 있다. 지지리도 풀리지 않는 인생, 태생부터 문제가 되어 세상을 한없이 버겁게 살아가야 하는 삶이 왜 생겨날까?

집으로 돌아오는 길. 이미 두어 시간이 더 지났을 텐데도 젊은 아낙은 그대로 그 자리에 서 있다. 갑자기 어미 등에서 잠자고 있던 아기의 고개가 옆으로 까딱 넘어 간다. 놀란 아낙이 포대기 끈을 풀고 몸을 돌려 아기의 목을 바로 세우며 가슴에 안는다. 눈물에 젖었던 얼굴은 어디로 가고 금세 환한 미소를 띠고 자는 아기를 한동안 들여다본다. 마치 절망을 박제해 놓은 듯한 그런 표정의 아낙이 어찌 한 순간에 저렇게 밝은 얼굴로 바뀔 수 있단 말인가!

비스듬히 내리는 햇살에 아기가 쓰고 있던 하얀 털실 모자의 수많은 보푸라기 끝마다 작은 무지개가 피어난다. 어느새 그 무지개들은 점점 자라나서 아기를 덮고 엄마마저 감싸기 시작한다. 그곳에는 사랑을 배불리 먹은 무지개가 희망의 날개를 힘차게 퍼덕이고 있었다.

백수의 행복

요즈음 모임에 나가보면 퇴직한 사람 투성이다.

어떤 사람은 직장에 있을 때와 마찬가지로 세상일에 변치 않는 관심을 두고 긍정적으로 살아가기도 하지만, 반대로 매사를 냉소하며 부정적인 삶을 사는 사람도 있다. 매일같이 남아도는 시간을 지루해 하며 어쩔 줄 몰라 하는 이도 있고, 새로운 배움에 시간가는 줄 모르는 사람도 있다. 자기의 어려운 처지를 뒤로 미루고 봉사활동에 여생을 바치는 사람이 있는가 하면, 제 건강이나 식도락을 위해 맛집을 찾아 사방으로 돌아다니느라 바쁜 사람도 있다.

모든 것 정리하고 미련 없이 낙향하는 경우도 있고, 반대로 시골 재산을 정리하여 도시의 자식과 합치기도 한다. 잘 나갔던 한 시절을 잊지 못해 권력주변을 계속 어슬렁대는 사람이 있는가 하면, 지난 날에 집착 않고 전혀 다른 삶을 살아가는 이도 있다. 큰 재산을 움켜쥐고 제대로 써보지도 못하고 가난하게 죽는 사람도 있고, 남은 돈을 전부 사회에 내놓고 마음 부자로 길 떠나는 이도 있다.

아무 부러울 것도, 더 이상 행복해질 수도 없을 것 같아 보이던 사람이 자살을 기도하여 주위를 안타깝게 하기도 하지만, 저렇게 살다니 죽는 것만 못하겠다 싶은 사람도 남모르는 행복을 따로 누리고 있기도 하다.

백수白手인 나 역시 나름으로는 열심히 산다. 내가 직장을 떠나면서 앞으로 어떻게 살까 싶어 태산같이 무거웠던 마음도 이제는 많이 가벼워졌다. 현재 내 일상은 돈을 벌기 위해 바쁘다기보다 매인 데 없이 스스로가 삶을 분주하게 끌고 가고 있을 뿐이다.

젊은 날을 기업 경영으로 보낸 나는 이제 그런 일과는 아예 담을 쌓고 지낸다. 현재 내가 가장 큰 관심을 쏟고 있는 분야는 인문학이다. 늦었지만 사람이 중심으로 된 학문을 배우고 싶어서이다. 기회가 닿으면 좋고 여의치 않으면 수강신청을 해서라도 강의를 듣고 있다. 당장 어디 나가서 요긴하게 써먹을 데는 없어도 공부하고 있는 동안은 꿈꾸듯이 행복하기 때문이다.

취미생활도 여전히 계속하고 있다. 나는 은퇴하기 훨씬 전부터 수필을 쓰고 한국화를 그려왔다. 요즈음은 초저녁 잠이 많고 새벽잠이 줄어든 탓으로 4시가 넘어서면 잠에서 깬다. 일어나서부터 아침 식사 전까지는 매일 글을 쓰거나 그림을 그린다. 낮 시간에는 영화를 보거나 산에 오르고, 더러는 권법拳法이나 검술劍術도 수련한다. 토요일이면 시니어합창단에 나가 노래연습한 지가 어언 수 년이다.

내가 이렇게 살듯, 다른 은퇴자들의 삶도 각양각색일 터이다. 나와 비슷한 길을 가는 사람도 있겠지만, 전혀 다른 방향으로 가는 사람도 있을 것이다. 가만히 들여다보면 한 사람의 인생길은 하늘이 준 운명과 개개인의 선택이 뒤섞여 독특한 자기만의 그림을 그려내는 것 같다.

하지만 어떤 경우든 그 사람만의 존재 이유와 가치를 따로 지니고 있으리라 생각한다. 하여 비단 나와 정반대되는 삶이 있더라도 공격하고 폄하하기 이전에 조용히 있는 그대로를 지켜볼 필요가 있을 것이다. 인간의 삶은 똑 같은 것이 아니고 서로 다를 뿐이라는 사실을 편견 없이 받아들이는 것으로부터 백수白手의 진짜 행복이 시작될 것이라고 나는 믿는다.

어울림 | 한지 수묵담채, 20호

말도 못하고

나에게는 복숭아 알레르기가 있다. 내가 일곱 살 때, 어머니를 따라 시장에 갔다가 거기서 사 먹은 복숭아가 온 몸에 두드러기를 일게 만들어 죽을 만큼 고생을 한 것이 그 시작이다. 설마 싶어 나는 그 후에도 몇 차례 복숭아 먹기를 시도해 보았지만, 그때마다 극심한 고통을 겪었기 때문에 아예 먹을 수 없는 과일로 치부하고 지냈다.

그러나 점점 성장하면서 복숭아를 먹을 수 없다는 게 나에게는 별난 스트레스로 작용했다. 희한하게도 나를 제외한 가족 모두는 복숭아에 대한 과민반응이 없었다. 그러니 저절로 침이 솟는 달콤한 복숭아를 두고 막내인 내 눈치가 보인다 하여 먹지 않을 수 있었겠는가? 가족이 함께 복숭아를 먹고 있으면 먹성이 한창 때인 내가 못 본 척하거나, 눈치껏 자리를 피했으니 가족들도 적지 않게 불편했으리라.

세월이 한참 흐르고 내가 결혼하여 가정을 꾸린 후에도 복숭아에 얽힌 서러움은 여전했다. 비록 식구들이 가장인 나를 생각해 몰래 먹는다 해도 어찌 모를 수가 있었을까? 잘 익은 복숭아의 향긋한 냄새가 집안에 퍼져 내 코를 자극하거나 즙이 흐르는 과육을 식탁에 둘러앉아 맛있게 먹는 모양을 보게 되면, 얼른 돌아서고 말았지만 속마음은 썩 편치 않았다.

중년이 되어 사회생활이 점점 왕성해지자 복숭아 부작용은 나에게 웃지못할 약점으로 따라 다녔다. 이런저런 모임에서 접시에 담긴 복숭아를 서로 권하며 나누어 먹을 때의 처신도 곤란하지만, 과일 선물을 주고받을 때 또한 걸림돌이 되었다. 손님들과 양식당에서 과일 칵테일이나 찻집에서 빙설을 먹을 때도, 먼저 그 속에 복숭아 통조림 알갱이가 섞여 있는지를 재빨리 파악해야 했으니 내 심사가 오죽했으랴?

그러나 이에 그치지 않고 어쩌다 실수로 복숭아를 만지기만 해도 몸에 이상이 올 정도로 상태가 나빠져갔다. 이래서는 안 되겠다 싶어 용하다는 의원을 찾아가 치료를 시작했다. 의사의 말로는 내 면역력을 강화시켜야 하는 일이라 치료가 오래 걸릴 것이라는 설명에도 아랑곳 않고 낫기만 한다면 모든 것을 감수하겠다는 각오로 덤볐다. 장장 2년이란 세월을 두고 돈과 시간을 투자하여 부지런히 치료받았지만 과민반응이 미세하게 약해진 정도지 시원하게 나아질 기미는 보이지 않았다. 나는 눈물을 머금고 치료를 포기하고 말았다.

대부분의 사람들이 매일 먹어도 탈없는 과일 하나를 두고 유독 나에게만 이런 고통을 주고 있다는 게 쉽게 납득되지 않았다. 어떤 날은 이 병증이 혹시 내 삶 어딘가가 잘 못되어 하늘이 주는 벌이 아닐까 하는 의문을 갖기도 했고, 인생을 좀 더 신중하게 살라는 뜻으로 내린 일종의 경고일지도 모르겠다는 생각까지 했다. 나는 풀리지 않는 수수께끼를 안고 지난날을 반성하며 용서도 빌어보았지만 그 놈의 병증은 악착같이 나를 떠나지 않고 아직도 버티고 있다. 아마 그 놈과는 적당한 거리를 둔 채 평생을 그렇게 지내야 할 것 같다.

그러나 곰곰이 생각해보면 달리 깨닫는 게 없지는 않다. 내가 한세상 살며 도저히 손대서는 안 될 복숭아가 가까이에서 늘 내 인내심을 시험하고 있다는 사실이 어떤 강력한 암시로 여겨지기 때문이다. 이를테면 내가 노력하지 않고 무엇을 얻으려 얕은 수를 쓰거나 남을 모략하고 남의 것을 가로채서 손에 넣는 일을 시도한다면 되려 큰 고통을 받을 거라는 의미일 수도 있겠고, 또 거짓으로 명예를 탐하거나 검은 돈에 손대는 짓도 철저하게 금기 사항으로 삼으라고 단단히 일러 주는 것 같기도 하니 말이다.

좋은 글 타령

나는 한 때 좋은 글 세상에 빠져 살았다. 아침에 눈을 뜨면 온라인 상에 광범위하게 펼쳐져 있는 좋은 글에 눈을 굴리며 하루를 시작했다. 그런데 내 메일과 카카오 톡을 통해 들어오는 양이 자꾸 늘어나 나를 덮치니, 이곳 저곳을 다 기웃거리기에 숨이 가빠졌다. 더구나 사방에서 '내가 더 좋은 글이오' 하고 경쟁하듯 얼굴을 내미니 누굴 먼저 만나야 할지 망설여지기도 했다.

그래도 처음엔 누군가가 애써 보내주는 자료라 관심을 가지고 정말 열심히 보았다. 그러나 시간이 지날수록 좋다고 보내주는 글이 상당부분 서로 겹쳐지거나, 문양만 살짝 바꾸었지 엇비슷한 내용물이 많다는 사실을 알아챘다. 또 제목은 그럴싸하지만 알맹이가 별 것 아닌 것도 부지기수였고, 새로 받은 내용이 이미 수 차례 읽은 것도 적지 않았다. 특히 건강에 관련된 자료들을 보면 먹어야 할 것과 피해야 하는 것이 너무 많아서 읽기조차 힘들었다. 또 병에 대한 주장이 서로 다르고 상충되는 내용도 적지 않아서 어떤 것이 옳은지 혼란스러울 때도 있었다.

요즈음 나는 그런 유의 글들을 잘 열어보지 않는다. 어쩌다가 읽고 싶은 경우에도 보낸 사람이나 제목을 조심스레 확인한다. 그래도 내 컴퓨터에는 아직 열지 못한 메일이 60여 통 쌓여 있다. 매일 새로 들어오는 것과 내가 확인해 보는 숫자가 비슷한지 항상 그만큼의 수량이 미확인 상태다. 카카오 톡에 저장된 자료도 마찬가지다. 제목과 함께 따라오는 길지 않은 문장은 대충 보지만 별도로 첨부된 내용을 읽는 경우는 드물다.

내가 이런 지경에 있으니 지인에게서 온 내용을 다시 다른 이들에게 보내줄 엄두는 내지 못하고 있다. 그러나 IT시대에서는 자료를 많이 수집하고 다수에게 보내주는 것이 강자의 지위를 확보하는 방도가 되는 것인지, 또는 봉사하는 일로 여겨 만족도가 높아지는 건지 알 수는 없지만 많은 사람들이 경쟁적으로 글과 그림을 퍼 나르는 것은 확실한 것 같다.

심지어는 꼭 읽어보아야 할 중요한 사항이라든지, 받은 내용을 최소한 스무 사람 이상에게 전달하지 않으면 마치 큰 불운이라도 만나게 될 것처럼 말미에 적어놓아 노골적으로 압박을 가하는 그런 메시지도 있다. 덕분에 인터넷 상에 좋은 글귀는 차고 넘치지만 그것을 제대로 받아들여 실천에 옮길 수 있는 묘책은 없는 모양이다.

그래도 풍성한 글 덕분인가? 입으로는 청산유수같이 좋은 말을 내뱉는 사람들이 많기도 한 세상이다. 모임 같은 데 가보면 옛날에 비해 유식해진 사람이 엄청 늘었다. 어떤 분야의 얘기가 나오든 막히는 게 없다. 가만히 듣고 있으면 좋은 글들만 모아서 만든 장타령을 부르는 것 같아 입맛이 씁쓸하다. 물론 좋은 얘기를 삐딱하게 받아들이는 내가 오히려 문제일 수는 있겠지만, 인터넷에서 읽은 내용을 단순히 재탕으로 읊는 것 보다야 진솔한 제 자신의 의견을 더 많이 말해야 한다는 내 주장까지 매도 당하고 싶지는 않다.

만일 사람들이 입으로 쏟아내는 좋은 말과는 반대되는 행동을 한다면 말 따로 행동 따로라는 모순을 그대로 드러내는 결과가 아닌가. 세상에 말로는 뭘 못할까? 옛 속담에 '입이 저자면 서방님 밥상다리 부러진다' 는 말이 있다. 지금의 우리네 처지를 절묘하게 빗대어 미리 경고한 것일 터이다. 또 안톤 슈낙은 의정議政 연설이 우리를 슬프게 한다고 썼다. 정보가 많은 정치인들이 그럴듯한 허풍을 잘 칠 수가 있다는 또 다른 표현일 것이다.

사람이 좋은 글귀를 읽고 나면 조용히 반추도 해보고 제 것으로 만들기 위해서는 치열한 사색의 과정을 반드시 거쳐야 한다. 책을 몇 페이지쯤 읽고 나면 잠시 머물러 읽은 내용을 깊이 생각해 보는 게 순서가 아니겠는가? 그러나 현대인들은 여유가 없단다. 새로운 정보 읽기도 벅찬 판에 사색할 시간이 어디에 있느냐는 것이다.

우리 주변에 좋은 글이 과거 어느 때보다 차고 넘치는데 세상은 더 추악하고, 더 위험하고, 더 힘들어졌다. 결국 좋은 글과 사람 사는 일이 따로 논다는 얘기가 된다. 더 좋은 삶을 위해 만들어진 글들이 이제는 저들끼리 세력을 만들고 저들 세상 속으로 사람들을 끌어들여 좌지우지 하고 있으니, 그것들의 장난에 막 놀아나고 있는 셈이다.

이 세상에는 그 어떤 것이 되었던 차고 넘치면 소중한 줄도 모르고 건성으로 대하기 마련이다. 좋은 글이 그 역할을 다하기를 바란다면 우리 모두가 불필요하게 글을 퍼 나르는 행위를 자제해야 할 것이다. 더하여 개개인도 스스로가 글에 대한 안목을 길러 여과濾過의 기능을 더욱 확대해 나가야 하리라 본다. 솔직히 말해 나는 메시지 전달자로 살기보다는 IT시대를 한 발짝 비껴나 무덤덤하게 바라보며 살고 싶다.

엉뚱한 대답

아침 일찍 대구 스타디움에 갔다. 운동장 주위를 두 바퀴째 돌고 있는데 비가 내린다. 차에는 비상용 우산이 있었지만 그걸 쓰고 걸으려니 마음이 썩 내키지 않는다. 걷기를 포기하고 부근에 있는 식당으로 갔다.

이 식당은 내가 수 년 동안을 다녀 단골이나 다름없는 곳이다. 주차장에 차를 세우고 내려보니, 바로 옆 차의 뒤 유리창이 내려져 있어 시트가 그대로 젖고 있다. '정신 빠진 사람 같으니라고' 혼자 중얼거리며 재빨리 차번호를 외웠다. 식당에 들어서자 말자 "95**번 차주 계십니까?" 하고 조금 큰 소리로 불렀다.

식당 왼편 끝자리에 앉은 부부인 듯한 중년남녀가 동시에 나를 쳐다본다. "왜 그러십니까?" "차 창문이 열려 비가 들이치고 있던데요." 그러자 그 남자가 "아, 그거요. 고장이 나서요." 태연한 얼굴로 대답하고는 계속 밥을 먹는다. 차 주인에게 인심이라도 쓰려 했던 나는 되려 계면쩍게 되고 말았다. 생각할수록 엉뚱한 대답이다. 내가 차 주인에게 그렇게 알려주면 깜짝 놀라 '아이구, 내 정신 좀 봐라.' 하고 달려나갈 것이라고 나는 기대하고 있었기 때문이다.

주문한 밥상을 차려준 아주머니가 구석에 설치된 커다란 보온 밥통을 닦는다. 스테인리스 철판으로 만들어져 빤짝이고 있건만 입김을 호호 불어가며 정성스레 닦고 있다. 다음에는 부엌에 달린 넓고 기다란 선반을 문지르고 있다. 그것 역시 스테인리스 제품이다. 밤 새워 일하고 이제 퇴근 시간이 가까워졌을 터인데 잠시도 쉬지 않는다.

"아줌마, 깨끗한데 힘들게 왜 자꾸 닦아요. 매일 주인이 검사 합니까?" "아니에요. 우리 사장님은 그런 것 간섭 안 해요. 내 손이 자주 가니까 자국이 나서 보기 싫잖아요." 물었던 내가 도리어 민망하다. '힘 들지만 주인이 자주 검사를 하니 어쩔 수 없어요' 라는 불평 섞인 말을 듣게 되리라 예상하고 있다가 뜻밖의 대답을 듣고만 셈이다.

그러고 보면 내가 나이만 먹었지 애당초 신사되기는 틀린 사람 같다. 뭔가 궁금하여 물었으면 돌아오는 대답에 '아, 그렇군요 라던지, 그런 이유가 있었습니까?' 라고 흔쾌히 말을 받아주어야 할 것 아닌가? 평소 나는 내 마음속에서 이미 결론을 내려놓고도 그것을 확인하기 위해 주위 사람들에게 재차 물었던 경우가 적지 않았던 것 같다. 심지어는 나를 더 돋보이게 하기 위해 일부러 상대방에게 질문을 한 적도 있었을 터이다.

그런 까닭에 내가 생각해 두었던 내용과 다른 대답이 돌아오면 당황스럽거나 기분이 찜찜해졌을 것이다. 참 이기적이고 자기중심적인 처신이 아닐 수 없다. 오늘 아침 일만 해도 세상에 저런 느긋한 사람도 있구나, 또는 사소한 일에도 제 몫을 다하려 애쓰는 종업원도 있구나 하고 받아 들였으면 편안하게 지나갔을 터이다.

남자와 여자가 당면한 문제를 놓고 논쟁을 벌이기로 작정한다면 그것은 처음부터 잘 풀리지 않는 방법을 선택한 것이라고 쓰여진 책을 읽은 적이 있다. 대체로 남자는 이성적이라 논리적으로 얘기를 전개해 나가고 여자는 감성적이라 제 감정에 따라 느낌으로 대화를 펼쳐가기 때문이란다. 따라서 각자의 주장을 내세워 상대방을 설득하려 하는 한, 쌍방간의 대화는 충돌할 수밖에 다른 길이 없다는 것이다.

하지만 이런 일은 남녀뿐만이 아니고 일상에서 만나는 모든 사람들과의 관계에서도 마찬 가지로 일어날 것이다. 사람마다 태생이 다르고, 성격도, 사고 방식도, 가치 기준도 모두 다른 처지에서 자기와 동일한 생각을 가져 주기를 바란다면 오히려 지나친 욕심이 아니겠는가?

그러므로 일상에서 우리가 가지는 의문은 어디까지나 순수해야 하고, 정말 모르거나 꼭 내용을 알아야 할 때만 상대방에게 정중하게 묻는 것이 옳을 성싶다. 설령 제가 미리 짐작하고 있는 내용을 다른 사람의 입을 통해 한 번 더 확인할 필요가 있다 하더라도 제 판단이 개입되지 않은 투명한 질문을 해야만 상대방의 대답을 제대로 알아듣게 될 것이다.

나도 내가 무엇을 묻고자 할 때, 잠시 호흡을 멈추고 물으려 하는 내 마음을 먼저 확인하는 순서를 밟아야겠다. 계산된 질문은 엉뚱한 대답을 유도할 뿐이다.

취미생활의 함정

노년은 외롭다. 외롭다는 것은 혼자 있다는 것이다. 고로 노년은 혼자다. 이런 삼단논법이 꼭 성립되지야 않겠지만, 노년이 되면 혼자 있는 시간이 많아진다는 것은 틀림없는 사실이지 싶다. 지금의 내 처지를 보아도 어디 일정하게 정해 놓고 다닐 곳이 없으니 늘어나는 게 혼자 있는 시간뿐이다. 갈수록 모임에 나가는 횟수도 뜸하고 개인적으로 만나는 사람도 줄고 있다. 그렇다고 아는 사람 명단을 뒤져 일일이 전화해서 같이 놀자고 말하기도 어려운 일이고 모르는 사람을 새로 사귀자니 번거롭고 용기도 나지 않는다. 또 전자제품을 끼고 사는 아이들의 취향과 기호를 따라가기 쉽지 않으니 가족 나들이에도 일부러 빠져 홀로 남을 때가 적지 않다.

문제는 이처럼 늘어나는 나만의 시간을 어떻게 유용하게 쓰느

냐에 따라 앞으로의 내 생활의 질이 결정될 것이라는 데에 있다. 만일 혼자 있을 때 자주 쓸쓸함을 느끼거나 권태롭기까지 하다면 자칫 의욕을 잃고 좌절할 수도 있을 것이기 때문이다. 이런 사정을 어느 정도 예감한 나는 과거 직장생활에 매여 내가 하고 싶어도 꾹 참고 미루어 온 몇 가지를 취미로 선택하여 본격적으로 배우기 시작했다.

그 결과 어떤 것은 단기 교육과정만 마치고 배움을 끝낸 것도 있고 아직 공부를 계속하고 있는 것도 있다. 나는 내가 선택한 것이 예술 쪽이거나, 스포츠, 혹은 그냥 놀이로 하든 간에 진정으로 좋아서 하게 되면 돌아오는 긍정적 결과는 모두가 비슷할 것이라고 믿고 있다. 만약에 먹고 살기 위해서 하는 일이라면 좋든 싫든 직업이 되겠지만, 그렇지 않을 경우에는 어디까지나 취미생활로 보는 게 마음 편할 터이다.

그런데 간혹 취미생활을 남과 비교하는 사람들을 만나게 되어 입장이 난처한 경우를 당하기도 한다. 생각해 보라, 제 취미생활을 남과 비교하는 것이 얼마나 어리석은 짓인가? 만일에 누구는 값 비싸고 고급스러운 취미를 가지고 사는데 나는 왜 이 꼴밖에 되지 않느냐고 자학하기 시작하면 걷잡을 수 없이 위축되고 말 것이다. 비록 남들이 보기에는 하찮은 취미라 할지라도 본인이 귀하게 여기고 재미를 느낀다면 아주 소중한 것이 될 것이다.

눈 녹으면 | 한지 수묵, 20호

사실 취미생활이란 게 그 속에 너무 빠져도 문제지만, 그렇다고 건성으로 걸쳐두면 마음도 번거롭고 경제적인 낭비도 따른다. 또 시작할 때와는 달리 시간이 지나도 발전이 늦고 제게 맞지 않을 수도 있고, 반대로 처음에는 어렵다가 점점 깊이 빠져드는 경우도 있다. 따라서 얼마간은 열심히 해보다가 정말로 이게 아니라고 판단되면 미련을 두어 매달리지 말고 빨리 손을 떼는 게 상책이다.

나도 한때는 연주를 하고 싶어서 몇 가지 악기를 만진 적이 있다. 하지만 막상 손에 잡아보니 좀처럼 익숙해지지도 않고 되려 부담만 늘어나서, 아차! 잘못되었구나 여기고 욕심을 싹둑 끊어 버렸다. 그 일을 지금까지 후회하지 않는 것을 보면 아마 나에게는 악기 다루는 재능이 당초부터 없었던 모양이다.

제게 숨겨져 있던 특별한 재능이 발현되어 놀라운 결과를 나타내는 드문 경우를 제외하고는 대부분의 사람들이 취미로 선택한 분야에서 일가一家를 이루기는 힘들다. 만일에 자기가 택한 일이 제 적성과 재능에 꼭 들어맞아 성공에 대한 기대치가 커지게 되면 아예 전문가가 되는 길로 나가는 것이 옳을 것이다.

한 가지 예로, 그림을 처음 시작한 사람들 중에는 미처 튼튼하게 기초를 다지기도 전에 하루 빨리 공모公募전에 출품도 하고 따로 개인전도 열어 이름을 알리고 싶어 마음 졸이는 이들이 더러 있다.

이런 사람들은 단계가 올라갈수록 제가 출품할 작품을 두고 엄청 스트레스를 받게 마련이다. 왜냐하면 자신의 기대치와 실제로 그려놓은 그림 사이에는 언제나 무시 못할 거리가 생기기 때문이다.

따라서 취미란 지나치게 욕심을 내는 순간 즐거움을 떠나 스트레스 덩어리로 변하고 만다. 또 대부분의 취미활동에서는 그것을 붙들고 노력한 만큼 결과물이 나온다는 것을 분명히 인식해야 한다. 만일 시간은 적게 투자해 놓고 결과를 크게 얻었다면, 사람들은 당신을 우수하다거나 타고난 천재라 부르기 전에 어쩌다 운이 좋았다고 빗대어 말할 것이다. 누가 새로 취미생활을 시작하면 주위에서는 그가 쉽게 포기하지 말기를 바라서 격려성 칭찬을 아끼지 않는다는 점도 잊지 말아야 한다.

이런 사정을 제대로 간파하지 못하고 정말 제가 잘 하는 것으로 착각하게 되면 스스로 고단함을 자초하게 될 것이다. 자기 실력이상으로 과대평가 받기 쉬운 것, 이것이 바로 취미생활이 파놓은 함정이다. 만일 이 함정을 피해나가지 못한다면 일생 동안 허명虛名만 좇아다닌 아픈 기억을 가슴에 새기고 말리라. 비록 남 앞에서 자랑하고 싶더라도 잘해야 취미생활에서 얻은 설익은 수확일 뿐이라는 겸손한 마음으로 꾹 참고 매진하다 보면 예상치 못한 새로운 무대가 열리기도 할 것이다. 사람이 진정 즐기는 경지까지 갈 수 있는 취미 하나 가진다면 인생이 확 달라질 것이다.

경고 메시지

느닷없이 나를 찾아온 편지 한 통. 그 편지는 올봄에 뉴질랜드로부터 날아왔었다. 발신인을 보니 대학 후배였다. 그는 한때 내가 이사理事 자격으로 관여하던 ○○협회에서 과장으로 근무하다가 20여 년 전에 뉴질랜드로 이민 간 사람이었다. 새삼스럽게 나에게 편지를 보낼 까닭이 없는지라 이상하게 여기며 봉투를 열었다. 내용은 대략 이러했다.

그가 협회에 근무할 당시인 어느 날, 갑자기 사무실로 찾아온 내가 직원들이 보는 앞에서 그를 사정없이 나무랐다는 것이다. 생각의 차이로 일어난 일이었고, 일방적으로 그가 당해야 할 일이 아니었단다. 하지만 자신의 지위가 나와 맞설 처지가 아니어서 억지로 참고 있었다는 것이다. 그 후 외국생활 중에도 문득문득 그 일이 떠올랐고 지금까지 잊히지 않고 자신을 괴롭히고 있으니, 내가 자초지종을 해명해 주던지 사과를 해야 직성이 풀리겠다며 당시 상황을 대충 적어 보냈다.

그러나 아무리 생각해 보아도 그가 말한 내용이 제대로 떠오르지 않았다. 나에게는 기억조차 희미한 그런 일을 두고, 그는 근 20년이나 잊지 않고 때때로 떠올리며 아파했다니 참으로 황당하고 민망했다.

도대체 내가 왜 그랬을까? 내가 조금 이상해지지 않은 다음에야 필시 그럴 만한 사정이 있었으리라는 생각에 갈등만 깊어졌다. 그러고 한 열흘이나 지났을까, 이번에는 내 메일로 똑 같은 내용이 또 들어왔다. 참으로 답답했지만, 어찌되었든 그래도 당한 쪽은 후배지 싶어 다음과 같은 답신을 보내주었다.

'나도 나이 먹어 그런지 그 일을 정확하게 기억해 낼 수가 없구려. 하지만 당신은 긴 세월 동안 마음에 담아두고 불편해 하고 있었다니 전적으로 당신의 말이 맞을 것이요. 정말 미안하게 되었소. 늦었지만 내가 정중하게 사과하리다.'

이 일을 겪으며 나는 내가 기억하기 싫은 일에 대해서는 고의적으로 그 기억을 지워버리고 살아 왔던 게 아닌가 하는 의심을 갖게 되었다. 만일 내가 남에게 베푼 작은 것은 기억하고 다른 사람으로부터 받은 큰 것은 기억하지 못한다면 보통문제가 아닐 터이다. 또 내게 유리하거나 좋은 일만 기억하려 애썼다면 아주 이

기적인 행위가 될 것이다. 또 편지를 보낸 후배처럼 지난날 내 실수로 마음에 상처를 입은 사람들이 아직도 가슴앓이를 하고 있는데, 나 자신은 그 일 자체를 아예 잊고 살아 왔다면 참으로 낭패가 아닌가?

이와 관련되어 궁금한 게 없는 것도 아니다. 만약에 어떤 사람이 특정한 일을 두고 잊겠다고 마음먹었다 해서 과연 있었던 일이 없는 것으로 깨끗하게 정리될 수 있을까에 대한 것이다. 아무리 생각해 봐도 그렇지는 않을 것 같다. 물론 사람의 기억이란 게 그 양이 엄청나고 비슷한 체험들이 한데 섞여 저장되어 있으니, 서로 헷갈리거나 좀처럼 찾지 못할 수도 있을 것이요, 억지로 잊으려 노력하다 보면 영 없는 것으로 착각될 수도 있으리라.

하지만 '기억은 묻힐 뿐 썩지 않는다' 는 말도 있지 않은가? 아주 잊힌 것 같던 기억도 우연한 기회를 만나 당신이 찾아내기만 한다면 어제인 듯 생생하게 살아서 그대 곁으로 다가올 것이다. 설령 저장된 기억을 아주 찾지 못한다 해도 그것은 언제까지나 마음 깊은 곳에 살아 있어서 부지불식간에 당신의 삶에 많은 영향을 미칠 것이다.

사람들이 영감을 통해 닥쳐올 일을 예측하거나 어려운 문제를 신통하게 풀어낼 수 있는 것도 따져보면 저장된 기억 덕분일 터이다. 흔히 우리가 '기왕 저질러진 일, 잊어버리면 그만이다.' 라는 주장을 내세우는 것은 결코 현명한 태도가 아니리라.

고백하지만, 지난날 나는 좋은 기억을 많이 만들기보다는 좋지 않은 기억 지우기에 더 긴 시간을 투자했던 것 같다. 내 잠재의식에 숨어 있는 기억에 대해서는 지나치게 무관심하거나 무시해 버리고 코앞에 나타나 그때그때 나를 자극하는 기억에만 매달려 살아온 것이 후회스럽다. 올봄에 나에게 배달된 예상치 못한 편지 한 통도 내 삶에 일종의 경고 메시지 같은 것일 터이다.

약속할까요

학창시절 우리들을 가르쳤던 Y교수님이 80을 훨씬 넘긴 연세에도 청년같이 우렁찬 목소리로 주례하는 모습을 보고 적지 않게 놀랐다. 만일 내가 저 나이에 이른다면 주례는 고사하고 예식에 참석하기도 힘들 것이라는 생각까지 들었다. 그런데 더 흥미로운 것은 교수님이 부자父子 2대에 걸쳐 주례를 맡아주셨다는 사실이다. 즉 혼주婚主인 동창생은 자신의 결혼식에 Y교수님을 모시면서 '제 아이 결혼식에도 꼭 주례를 맡아 주십시오' 하고 간곡하게 부탁을 드렸고, 교수님도 쾌히 수락한 일이 오늘 이루어졌다는 것이다.

주례를 마친 교수님께서 마침 우리 일행이 앉은 테이블로 오셔서 내 옆 자리에 앉으셨다. "교수님, 그렇게 오래된 약속을 어떻게 지킬 수 있었습니까?" 하고 여쭙자, 교수님은 "그 일이 가능했던 건, 내 습관 때문일세."라고 대답하셨다.

내친 김에 교수님께서는 당신의 약속에 관한 내용을 간단히 소개해주셨다. 교수님은 젊었을 때부터 훗날을 두고 약속하기를 즐겨했단다. 그 약속은 남과 하는 경우도 있지만 더 자주 자신과 굳게 약속을 해왔다는 것이다. 그리고 그것을 실천하기 위해 따로 메모를 해두고 하나씩 약속이 이루어질 때마다 지우고 또 새 약속을 추가했단다.

오늘 맡았던 주례만 해도 정말 가능성이 희박한 약속이었지만 대답한 이상 꼭 지키고 싶었단다. 사실 긴 시간이 흐른 뒤에 다가올 타인과의 약속을 이행하기 위해서는 무엇보다도 건강하게 살아 있어야 했다는 것이다. 교수님은 스스로 내건 약속을 어기지 않으려고 열심히 애쓰는 가운데 자기도 모르는 사이에 건강을 지키게 되었다 한다.

나도 건강에 대한 비방 여러 개를 귀동냥하여 얻기도 했지만 약속이 건강을 지켜준다는 말은 신선한 충격이었다. 생각해 보면 아무리 작은 일일지라도 다가올 어느 시점을 정하여 구체적인 약속을 하고 이를 지키려고 노력한다면 자신의 건강에 적지 않은 도움이 될 성싶다. 병상에 누운 사람도 절대로 깨지 말아야 할 약속을 정하여 마음속에서 계속 다짐하고 있다면 제법 치료 효과를 거둘 수도 있으리라 생각된다.

그러고 보니 근년에 와서 나는 내 자신과 먼 훗날은 고사하고 1년 후를 두고도 분명하게 약속을 했던 기억이 없다. 그런 형편에 남과는 더 말할게 있겠는가? 비록 내 처지가 은퇴한 노년이라 할지라도 타인이 나를 필요로 해서 약속이라도 더러 잡혀더라면 내게는 작은 위안이 되었을 것이다. 아무래도 내가 나이 핑계하며 마치 대선배나 된 듯 혼자 착각하고 지냈던 것 같다.

비록 이별이 많이 아팠더라도 꼭 다시 한 번 보고 싶은 사람과는 세월이 한 참 흐른 후인 어느 날, 어느 곳에서 만나자고 미리 약속이라도 잡아 두었더라면, 내 건강과 삶에 더 많이 신경을 썼을 터인데 하는 아쉬움도 없지 않다. 하기야 그런 일이 어찌 정 주었던 사람뿐이겠는가? 먼 훗날을 두고 내가 약속을 잡아야 마땅했던 사람들이 한둘이 아니었을 테지만, 그러지 못한 내 근시안적인 삶이 원망스러울 뿐이다.

가수 진성이란 사람이 '안동역에서' 라는 대중가요를 불러 크게 히트시켰는데, 아마 그것도 첫눈이 내리는 날 안동역에서 만나자는 연인과의 로맨틱한 약속이 듣는 사람의 심정을 자극했기 때문일 성싶다. 언제, 어느 때, 누구와 하든 진정어린 약속은 소중할 것이다. 약속이 있다는 것 자체는 분명 삶의 활력소가 될 것이고, 기다리는 즐거움도 적지 않을 것이다. 우리 약속 한 번 할까요?

제8요일의 사랑

가을이다. 산책을 하려고 수성못 가에 차를 세웠다. 아직은 이른 시간이라 둑길은 한산하다. 나는 쌀쌀한 기운을 털어내려고 빠른 걸음으로 걸었다. 호수를 반 바퀴쯤 돌았을까, 저만치 놓여진 의자 위로 사람의 형체가 보인다. 한 사람이 아니고 둘이다. 그것도 그냥 나란히 앉아 있는 게 아니고 서로 엉켜 있는 것 같다. 이제 곧 사람들이 빠르게 늘어날 터이고, 그들을 결코 달갑지 않게 여길 터인데 이를 어쩌지 하는 마음이 앞선다.

가던 길을 멈추고 체조를 하는 척하며, 가까이에서 살펴보니 이제 스무 살을 갓 넘긴 듯한 청춘 남녀다. 이미 계절이 바뀌었건만 두 사람은 똑 같이 소매가 짧은 여름옷을 입고 있었다. 낡은 운동화까지 더해진 초라한 차림새는 살기가 꽤 고단한 연인들이라는 사실을 한 눈에 알아보게 했다. 둘은 잠시라도 상대를 놓치지 않으려는 듯 꼭 껴안은 채 그림처럼 정지되어 있었다. 눈을 감고 있어서인지 시간을 잊고, 주변을 잊고, 오직 사랑으로 휘장을 두른 그들만의 세상에 가 있는 듯했다.

얼마나 긴 시간을 저러고 있었을까? 호수로부터 바람이 세차게 불어오자 놀란 듯 둘은 동시에 손을 내밀어 상대방의 몸을 정성껏 문지르기 시작한다. 흔히 공공장소에서 남녀가 서로 쓰다듬고 있으면 뻔뻔한 녀석들로 보이거나 성적 충동을 억제하지 못하는 저속한 젊은이로 취급하기 쉽다. 나 또한 대중 앞에서 쉽게 드러내는 젊은이들의 사랑놀이를 별로 달갑지 않게 여기는 편이다.

하여 저런 모습에는 응당 눈살을 찌푸리던가 고개를 돌려야 마땅할 터인데 지금의 내 마음이 그렇지가 않다. 내 눈에 비치는 저들의 행위가 불쾌하다기보다는 오히려 사랑을 굳게 지키기 위한 어떤 의식을 치르고 있는 것 같아 보였기 때문이다. 정녕 진실하게 사랑하는 마음만 있다면 어떤 행위라도 다른 사람들의 이해를 쉽게 얻어낼 수 있을까?

어느 조각 공원에서 남녀가 한 몸이 되어 꽉 끌어안고 있는 작품을 본 적이 있다. 그 몸짓이 사뭇 벅차서 나는 '사람이 저렇게 미련 없이 사랑하다 갈 수 있다면 참 행복할 텐데' 하며 탄식했던 기억이 살아난다. 무릇 그림이든, 글이든 보고 읽는 이의 가슴에 진한 감동을 불러일으킨다면 그것만으로도 훌륭한 작품이 될 수 있을 것이다. 지금 저들이 포옹하고 있는 모습이 마치 완성된 한 점 조각품 같아서 나는 숨을 죽이고 바라본다.

'사랑이 밥 먹여주냐' 란 말을 농담같이 또 진담처럼 자주 내뱉는 우리 사회다. 경제적인 조건이 따라주지 않으면 사랑만으로는 함께 살 수 없다는 뜻을 빗대어 표현하는 말일 게다. 요즈음 세상 돌아가는 꼴을 보면 어쩌면 그 말이 꼭 맞을 것 같기도 하다.

하지만 돈이 있더라도 진정한 사랑이 없다면 사는 재미도, 행복도 누리지 못할 수도 있지 않겠는가? 주변을 보면 아무 부러울 것 없어 보이는 풍족한 부부도 도저히 서로를 참지 못하여 갈라서는 경우가 적지 않으니 하는 말이다. 그래서 남녀간의 사랑이란 참으로 불가해하다고 말할 수밖에 없으리라.

발표되자마자 세계적으로 센세이션을 불러 일으켰던 폴란드의 작가 마렉 플라스코Marek Flasko의 「제8요일」이란 소설이 생각난다.

이 소설은 전쟁으로 폐허가 된 바르샤바가 배경이다. 사랑하는 젊은 남녀가 동침을 갈망하여, 그 누구에게서도 방해 받지 않고 단 둘이 함께 있을 수 있는 그들만의 방을 찾아 헤매지만, 암담한 현실의 벽에 부딪혀 고뇌하고 방황하는 4일 동안의 얘기를 담고 있다. 소설의 결말은 주인공들이 뜻했던 바와는 전혀 다른 비극적 방향으로 가버렸지만, 작가는 그래도 진실한 사랑이 있는 한 희망이 있다는 메시지를 전하기 위해 제8요일이라는 상징적인 제목을 달았을 것이다.

모두 합쳐 7일뿐인 한 주일에서 여덟 번째 날이 추가로 주어진다면 그것은 기적일 터이다. 저 연인들에게도 상상 속에서나 있을 법한 날이 주어져 행복한 결실을 맺게 되었으면 좋겠다. 나는 길을 재촉하여 호수를 한 바퀴 돌아 그 자리로 다시 갔지만 연인들은 이미 떠나가고 없었다. 나는 그들이 머물렀던 나무의자에 가만히 앉았다.

사랑의 흔적인가? 아직도 온기가 남아 나를 편안하게 맞아준다. 사람의 일생에서 마지막까지 남아 있어야 할 감정은 죽음에 대한 공포가 아니라, 깊고 따뜻한 사랑이어야 할 것이라는 생각이 무게를 더해간다.

먼 산에 눈 내리고 | 한지 수묵, 20호

4 꽃 진다 꽃이 진다

꽃 진다 꽃이 진다 | 소리는 하늘로 간다 | 오래 살기 바란다면 | 내 자리는 없었다 | 공을 내려놓다 | 들리는 소리만으로 | 지갑 열기 | 때가 되면 | 숙제 | 꽃을 볼 수 없다면

꽃 진다 꽃이 진다

지금 벚꽃으로 유명한 K관광지의 둘레길이 꽃 잔치로 한창이다. 모두가 벚꽃으로 만든 세상 같아서 구름처럼 몰려든 사람들마저 꽃처럼 보이는 그런 날이다.

쏴–아 하고 부는 바람에 꽃잎도 덩달아 춤을 춘다. 구경 나온 사람들은 그것들이 떨어지며 그려내는 매혹적인 춤사위에 일제히 손뼉을 치고 환호성을 지른다. 주어진 삶을 다 누려보지도 못하고 속절없이 가야 하는 그들을 보면, 허무한 꽃의 일생에 적이나 마음이 측은하고 울적할 법도 한데 도리어 신이 나서 야단들이다.

그러나 눈이 부시게 곱던 꽃이 땅으로 내리자 말자 무참하게 짓밟힌다. 길가에 수북이 쌓인 꽃잎 위로 크고 작은 자국이 선명하다. 사람의 발자국이다. 아이 것도, 어른 것도, 죽 미끄럼을 탄 흔적마저 있다. 조금 더 머물러 있어야 할 생명의 기운이 한 순간에

으깨어지고 부서지는 현장이다.

꽃이 피면 사람들은 어디든지 찾아간다. 꽃을 보지 않으면 당장 봄을 잃기라도 할 듯 수선을 떤다. 무리를 지어 자동차의 매연을 내뿜고, 고기를 굽고, 술 냄새를 풍겨댄다. 어디 그 뿐인가. 꽃을 꺾어 호주머니에 꼽기도 하고, 머리에도 치장을 한다. 어떤 이는 무심코 꽃잎을 한 줌 따서 그냥 길가에 훌훌 뿌려댄다. 꽃의 수명이 얼마나 길다고 그동안을 참아주지 못하는 사람들의 행위가 꽃에게는 기막히고 야속할 터이다.

아야! 비명 한번 제대로 지르지 못하고 허망하게 목이 꺾여 죽어가는 꽃이, 현대를 살고 있는 사람들과 흡사하다는 생각이 연상되어 떠오른다. 저마다 있는 힘을 다하여 열심히 살겠다고 애써보지만 사악한 손길에 걸려 천수를 다하지 못하고 황천길로 가기가 예사다.

인종과 종교의 갈등이, 전쟁과 테러가 수많은 사람을 살육하고 비행기와 자동차, 여객선 같은 문명의 이기가 사람들 목숨을 너무 쉽게 앗아간다. 경제개발이라는 이름을 내건 산업현장에서도 숱한 사람들이 이름 없이 지고 만다.

꽃이 산이나 들, 심지어 공원에서조차 원통하게 당하는 것처럼 사람도 하늘과 땅, 가까운 바다에서까지 어이없이 당하고 만다. 사람들이 꽃에게 하는 짓을 사람끼리도 꼭 같이 되풀이하고 있는 셈이다.

입으로는 생명의 존엄성을 버릇처럼 내세우지만 돌아서면 남의 목숨에 그저 무관심하다. 돈이 중심이 되는 세상에서 허겁지겁 살다 보니 너, 나 할 것 없이 생명에 대한 외경심도 잃어버리고 타인에 대한 배려심마저 품지 않는 까닭일 터이다.

우리의 경우를 보면 더 답답하다. 어떤 큰 사고가 생기면 사방에서 쏟아놓는 말들은 귀가 따갑도록 무성하지만 막상 마음을 다해 끝까지 책임질 사람은 좀체 나서지 않는다. 모두가 남 탓에 바쁜 까닭이다.

시민들도 땅이 꺼져라 한숨을 내쉬며 눈물 흘려도 목줄을 조이는 생업에 쫓겨 빠른 속도로 잊어간다. 철저히 조사하여 근본적으로 문제 해결을 하겠다던 서슬 퍼런 약속들은 시간과 함께 퇴색하고 관행이란 괴물이 다시 세력을 장악한다.

하루 24시간을 쉬지 않고 떠들어대던 방송들도 얼마 못 가 다른 사건을 찾아 카메라를 돌려버린다. 그러다 또 사고가 터지면 세상은 양은냄비에 물 끓듯이 다시 부글거린다. 그 끓어오르고 식어가는 모양이 예나 지금이나 어쩌면 그리도 한결같은지 신기할 정도다.

다시 바람이 분다. 떨어지는 꽃잎이 눈앞에 가득하다. 꽃의 몸부림도, 한숨도, 절망도 어지럽게 섞여 내린다. 사는 이치를 따지자면 꽃이 피고 지는 것이나 사람이 나고 죽는 것이 매한가지일 터이다. 억울하게 당할 수는 없다고 무던히도 애썼던 내 지난날들이 낙화와 더불어 허무하게 진다.

낮 뉴스는 지구촌에 또 다른 테러가 발생하여 많은 인명이 어이없이 가버렸다고 일기예보하듯 담담하게 전하고 있다. 아, 꽃 지니 사람도 지네.

소리는 하늘로 간다

'끼익~' 하는 날카로운 금속성 소리에 놀라 잠을 깨었다. 이 꼭두새벽에 누가 또 차를 급정거시킨 모양이다. 척추를 따라 소름이 죽 돋아날 만큼 싫은 소리다. 아마 교통사고를 연상하기 때문일 것이다. 하지만 유감스럽게도 종종 듣게 되는 소리요, 바로 옆에서 일어난 것처럼 생생하게 들리는 소리다. 내 집이 맨 꼭대기인 15층이건만 아래층보다도 더 크게 울린다.

물리학적으로 따지면 어떤 소리든 그 크기에 비례하여 공기의 진동이 일어날 것이고, 그 파장을 내 귀가 감지하여 다시 소리로 재생하여 듣게 되는 것일 터이다. 가까이에 있으면 파동이 강할 것이고 멀리 갈수록 그 반경은 커지지만 울림은 약해지리라. 그런데 도시의 새벽에 듣는 이런 소리는 정작 가까이에서보다 높은 곳에서 더 잘 들리니 탈이다. 인간들이 기술이란 미명아래 끊임없이 지어 올린 고층빌딩 숲이 새로운 소리 통로를 만든 것도 하나의 이유가 되리라.

갈수록 높게 뻗는 욕망의 길을 타고 지상에서 일어나는 모든 소리가 고스란히 하늘에 전달되고 있을 것이다. 아무리 숨기려 해도 덮어지기는커녕 사람들의 세세한 움직임까지 죄다 들통나지 싶다. 특히 나쁜 계획을 세우며 나누는 얘기나, 남을 함부로 비방하는 소리, 악에 바쳐 주고 받는 욕설과 세상을 저주하는 소리들은 날개를 달고 더 빠른 속도로 하늘로 날아오를 성싶다. 인간들이 이기심을 내면 낼수록 그에 비례하여 소리는 더 빨리 전달될 것이고, 전쟁이나 테러 같은 잔혹한 사건은 아주 큰 소리로 솟아올라 조물주도 깜짝깜짝 놀라실 것이다.

사람의 귀는 원천적으로 위에서 내려오는 소리보다는 아래에서 솟아오르는 것에 더 민감한 것 같다. 만일 이런 내 판단이 맞는다면, 무릇 낮은 자리의 백성들이 내는 원성은 듣지 못하면서 하늘의 소리를 듣겠다고 으스대는 지도자들은 당치도 않는 꿈을 꾸고 있는 셈이다. 말단 직원들의 고충도 헤아리지 못하면서 제가 직원들을 모두 먹여 살린다고 큰소리치는 오만한 경영자도 엉터리이기는 마찬가지일 터이다. 눈물을 줄줄 흘리며 몸부림을 치고, 목이 터져라 제 소망만을 빌어대는 기도마저 신앙의 본질과는 거리가 먼 행위가 아니겠는가?

나 또한 계획된 일이 예상 밖으로 틀어지면 나를 돌아보기는커녕 하늘 원망하기를 서슴지 않았다. 지금 와보면 그런 내 부질없는 소리들도 모두 하늘나라로 고스란히 날아갔지 싶어서 은근히 뒤통수가 댕긴다. 성경에 나오는 바벨탑의 얘기가 바로 현대인들에게 주는 예사롭지 않은 예언적 메시지 일 터인데, 사람들은 누가 제일 높은 자리에 오를까를 두고 죽기살기로 싸우고 있다.

그러나 보라. 지금 지구상에서는 인류의 힘으로 감당할 수 없는 사건사고들이 속출하고 있다. 세상은 이렇게 위험한 쪽으로 계속 변해가는 데 우리 모두는 이를 바로잡으려 적극적으로 나서지 않는다. 그저 습관적으로 더 많은 쓰레기를 만들어내고, 더 큰 소리로 아귀다툼을 벌이고, 더 자주 폭탄을 터뜨려 죄 없는 사람들을 죽인다.

이런 소리는 날마다 하늘로 날아오르고, 하늘로 간 소리는 언젠가 확대 재생산되어 지구상으로 되돌아올 터이다. 피하지 못할 이 업보를 죄다 어쩌나 싶다.

오래 살기 바란다면

유태인이자 정신의학자였던 빅터프랭클1905-1997 박사는 1942년부터 3년간 다카우 강제수용소에 들어갔다가 기적적으로 살아나와 '한 심리학자의 강제 수용소 체험' 이란 책을 써서 수많은 사람들의 심금을 울린 바 있다. 그와 분리 수용되었던 가족들도 모두 죽고 대부분의 사람들이 고통을 못 이겨 일찍 저 세상으로 가버렸지만 박사는 살아 돌아왔다.

그는 '내가 살아남은 것은 나치의 만행을 세상에 알리기 위해서' 라는 목표가 있었기 때문이라고 증언했다. 그는 죽음보다 참혹한 수용소 안에서 일상의 작은 만남을 통해 그가 생존해야 할 이유를 발견하려 애썼다는 것이다. 이를테면 붉은 저녁노을이나 눈부신 푸른 하늘, 철책 가에 피어난 앙증맞은 들꽃 한 송이, 새들의 지저귐, 동료의 흥얼거리는 콧노래와 기도소리에도 감동하고 감탄하며 삶의 의미를 되새겼다 한다.

박사만이 아니고, 인간 도살장이라 불려진 유태인 수용소에서 구사일생으로 살아남은 몇 되지 않는 사람들은 결코 육체적으로 강한 자가 아니었다는 사실이 놀랍다.

수시로 완력을 행사하여 남의 양식을 빼앗아 먹은 자들이나, 타인을 협박하여 제 몸의 안일을 구한 사람들이 오히려 견디지 못하고 삶의 끈을 먼저 놓아버렸다 한다. 생존자 거의가 병들어 신음하는 동료에게 어렵게 약을 구하여 치료해 주고, 자기보다 더 배고파 힘들어 하는 사람에게 아껴둔 귀한 빵을 나누어 주며 함께 울었던 그런 사람들이었단다.

지옥보다 더 지독한 환경에서 끝까지 산 사람들은 힘이 센 사람이 아니고 마음이 따뜻한 사람이었다는 사실은 매우 주목해야 할 내용이다. 그들은 자기보다 약하거나 곤경에 처한 사람을 향해 가지게 된 연민하는 마음을 곧장 행동으로 옮긴 사람들이었다. 사람이 가지는 연민의 정이 행동으로 바뀔 때 놀랄 만한 힘이 발휘된다는 사실을 죽음의 현장에서 똑똑히 증명해준 셈이다.

우리네 옛말에 '동냥은 주지 못할지라도 쪽박은 깨지 말라' 는 말이 있다. 그런데 지금 우리 형편은 어떤가? 가능하기만 하다면 모두가 갑甲질 하기에 혈안이 되어 있다. 만일에 갑의 입장에 서기만 하면 처음부터 을의 쪽박을 아예 깨놓고 일을 시작하려 덤빈다. 을의 사정이 아무리 어렵다 해도 그걸 헤아려 주면 곧바로 자기에게 손실로 돌아온다고 인식하고 있기 때문이다.

세상사란 게 갑과 을이 공존함으로써 잘 돌아가기 마련인데 아무도 을은 되지 않으려 하니 문제다. 그런 까닭으로 을이 또 다른 을에게 갑질을 하고, 더 힘센 갑은 또 다른 갑을 을로 만들려 무섭게 공격한다. 이런 판국에 약자를 향한 연민의 정 운운한다면 지나가던 개가 웃을지도 모르겠다.

그래도 포기하지 말고 적극적으로 궁리해 보자는 게 내 생각이다. 우선 나를 포함한 노년들부터라도 당장 갑질을 포기함이 옳을 성싶다. 비록 노년시절이 다시 시작하는 인생이라고 우겨대지만 어디까지나 노년은 노년이다. 살아온 날보다는 살아갈 날이 더 짧고, 움켜쥘 것보다는 놓아버려야 할 것이 더 많은 시기다. 자기를 애써 내세우지 말고 은근슬쩍 져주는 것이 편안할 나이라는 뜻이다.

그러므로 마음만 먹는다면 아무래도 나이 든 세대가 젊은이들보다 갑질을 내려놓기가 한결 수월할 것이다. 갑질을 포기한다는 말은 남을 배려한다는 말이고 약자를 도와줄 마음을 낸다는 뜻이다. 나이 들어도 주위에 무관심하지 말고 남을 배려하는 마음을 하나씩 실천하다 보면 분명 삶을 보람 있고 건강하게 끌고 나갈 수 있을 것이다.

세상은 바야흐로 고령화 사회를 맞아 온갖 건강비법이 앞을 다투어 심기를 어지럽힌다. 만일 그들의 선전대로 된다면 100수 못할 사람 아무도 없을 것이다. 하지만 괜히 그런 일에 현혹되어 돈 잃고 건강 버릴까 걱정된다. 그러니 신통하다는 보약을 찾아 헤매기보다는 차라리 연민하는 마음을 잘 관리한다면 늙음이 결코 지름길로 찾아오지는 않을 것이다.

제 마음속에 자리잡은 연민의 온도가 곧 수명과 정비례한다는 사실을 굳게 믿어야 장수를 노래할 수 있을 것이다.

내 자리는 없었다

어느 출판기념회에서 있었던 일이다.

나는 글을 쓰기 시작하고 십수 년이 지난 후에야 등단절차를 밟았기 때문에 문단의 경력보다는 실제 나이가 더 많은 편이다. 그런 까닭에 더러는 나이로 인해 과분한 대접을 받기도 한다. 그날도 나는 평소처럼 몇몇 문인들과 인사를 나누고 별다른 생각 없이 안내하는 대로 맨 앞쪽 원형 테이블에 자리를 잡았다.

본 행사가 시작되기 전에 대개 주최자가 나와서 참석한 내빈들을 소개하는 시간을 갖는다. 맨 먼저 원로 문인을 소개하고 돌아가며 차례로 한 사람씩 이름을 불렀다. 그런데 부르는 이름 앞에 한결같이 ○○문학회 회장이라는 수식어가 붙어 있었다. 내 차례가 왔는데 진행자가 잠시 멈칫하더니 '김○○ 수필가 오셨습니다.' 라고 소개 했다. 나도 엉거주춤 일어나 꾸벅 인사를 하고 자리에 앉기는 했지만 어쩐지 기분이 찜찜했다.

한낱 평범한 수필가에 지나지 않는 내 처지를 생각하면, 행사 진행자로서는 나를 먼저 소개하기가 난처했을 수도 있었겠고, 아니면 내 이름 앞에 붙여줄 적당한 수식어를 찾다가 실패했을 수도 있었으리라. 하지만 그 멈칫한 순간이 정말 짧은 시간이었는데 나에게는 제법 긴 시간으로 느껴졌으니.

어떤 모임에 참석하더라도 주위에서 권한다고 아무 자리나 덥석 앉는 것은 삼가야 할 일이다. 오늘도 내가 나이를 앞세워 앞자리에 앉지 말고 보다 지혜롭게 처신했다면 서로가 편안했을 터이다. 그러나 이와 비슷한 일이 간혹 생겨나니 아무래도 나는 자리 처신에 좀 둔감한 모양이다. 또 모임의 성격 따라 나이가 많아야 내게 유리할 때면 상노인으로 행세하고, 적게 보여야 도움이 될 때는 나이를 뒤로 슬쩍 감추고 시침을 뗀 경우도 없지 않다.

아마 내가 무의식중에 더 편안하고 더 나은 자리를 찾는데 이력이 난 것 같다. 내 비록 엉뚱한 자리를 탐하여 남을 곤경에 빠뜨리거나 묘책이나 술수를 동원하여 남의 자리를 빼앗은 기억은 없지만, 타인의 눈으로 볼 때는 내가 자리에 연연하거나 탐욕스러운 사람이었다고 오해할 소지를 주었는지도 모를 일이다. 하기야 지난날 내가 오랫동안 앉아 있던 자리도 본래 내 것이 아니고 남의 자리를 대신 지켜주고 있었거나 엉뚱한 자리를 내 것으로 착각하

인생, 빈 자리 | 한지 수묵, 20호

고 태연하게 앉아있었던 적도 있었으리라.

내가 은퇴를 앞두고 있었을 때, 나는 그동안 힘들게 지켜온 내 자리를 비켜나자니 억울하고 허망한 생각이 고개 숙이지 않아서 한동안 힘이 들었다. 그런 지경을 견디며 내 마음속에는 의문 하나가 자라게 되었다. 즉, 과연 자기의 모든 것을 걸고 꼭 지켜야 할 자리나 기어코 빼앗더라도 앉아야 할 자리가 이 세상에 있기는 있는 것일까에 대한 것이었다.

설령 그런 자리가 있다 해도 제 자리를 바로 찾아 앉기가 결코 쉽지는 않은 게 인생살이일 것이라는 생각까지 들었다. 그래서 나는 퇴직과 동시에 이제까지 활동했던 무대와는 아주 관계를 끊고 새로운 제2인생을 꾸려왔다. 그런데도 막상 오늘과 같은 경우를 당하니 순간적으로 내 처지를 깜박 잊고 만 것이다.

이래서는 안 되겠다. 무한한 시간으로 보면 사람 한살이가 잠깐인데 좋은 자리에 앉았으면 어떻고 한 쪽 구석에 서 있었으면 또 어떻단 말인가! 산을 오르며 잘 걷는 뒷사람에게 스스럼없이 길을 비껴주는 것이 죽기살기로 먼저 올라 지쳐 드러눕는 것보다야 백번 낫지 않겠는가. 나도 온 힘을 다하여 붙잡고 걸어가던 많은 끈들을 미련 없이 놓아버리고 뒤에 오는 사람들에게 걸림돌은 되지 말아야겠구나.

몸살 나게 좋고 부러워 보이던 선망의 자리도 내 나이 따라 자꾸 변해 온 것을 보면, 인생길에서는 꼭 정해진 자리가 처음부터 없을 수도 있겠다는 판단도 선다. 그렇다면 그 어떤 자리가 주어지더라도 앉은자리에서 최선을 다하는 게 순리일 성싶다. 아니면 내가 온전하게 차고 앉아 행세할 수 있는 자리가 아예 없었다 여기고 사는 게 낫겠다. 그게 훨씬 마음 편하지 않겠는가.

공空을 내려놓다

숨이 막힐 듯한 현대문명 속에 살면서도 그나마 다행이라고 여기는 것 하나가 비행기를 타면 구름을 가까이서 볼 수 있다는 것이다.

나는 짙은 구름이 온통 하늘을 뒤덮고 있는 날보다는 여러 종류가 층을 이루어 떠 있을 때를 더 좋아한다. 이런 날 비행기에서 바라본 하늘은 멋진 구름 세상이다. 구름 속에 구름 있고 그 속에 또 다른 구름이 있다. 발 아래로 아득히 펼쳐진 구름바다를 보거나, 눈 쌓인 밭고랑 같은 곳을 지나고, 집채만 한 솜사탕이 창가로 다가와 얼굴을 스치면 나는 그만 구름 속으로 뛰어들고 싶은 충동을 느낀다.

구름을 바라보고 구름을 지나치며 내 머리 속에는 온갖 장면이 그려진다. 실제 같기도 하고 가상의 세계 같기도 한 그림들이 끝도 없이 이어진다. 갑자기 시야가 어두워지면서 몸이 흔들린다. 비행기가 짙은 구름 속을 지나는 모양이다.

눈앞이 다시 환해졌을 때 창가에 생겼던 작은 물방울들이 빠르게 사라진다. 곧 비가 될 구름이었던 모양이다. 금세 날아가버린 저 물방울도 어떤 것은 몇 개월, 또 어떤 것은 수십 년이나 수백 년이 지난 후에야 비로소 하늘로 돌아와 구름이 되었을 것이다. 하찮은 것 같은 저 빗방울 한 개의 탄생에도 저런 역사가 숨겨져 있다니 현존하는 모든 생명 앞에서 경건하게 옷깃을 여며야겠다.

"저희 비행기는 잠시 후 착륙하겠습니다." 하는 기내방송이 흘러나온다. 이래서 국내선 여객기는 나에게 늘 아쉬움을 주고 만다. 창밖을 내다보니 파란 하늘도 보이고 흘러가는 구름도 보인다. 조금 전까지 보았던 세상은 마음속의 나라였고 생각이 빚어낸 그림이었음을 금방 깨닫는다.

이처럼 사람의 마음에는 각자가 만들어 내는 그림이 따로 자리잡고 있을 것이다. 만일에 현실 속의 세상과 마음속의 세상이 정반대로 그려져 있다면 참 난처한 일이 벌어질 터이다. 왜냐하면 한 사람이 서로 다른 두 개의 세상을 가지고 갈등 속에 산다면 진정한 행복에 도달하기는 어려울 것이기 때문이다.

비행기가 빠른 속도로 하강하자 눈앞에 있던 작은 구름이 금세 없어지기도 하고 다시 생겨나기도 한다. 바람이 멈추면 죽고 움직이면 살아나듯이 구름의 삶과 죽음도 실로 눈 깜짝할 사이다. 유구한 시간을 전제한다면 모든 생명체의 생성과 소멸 또한 서로 등을 맞댄 간격에 불과할 것이다.

허공에서 구름이 일고 사라지니 도대체 일고 사라짐은 어디로부터 오는가? 본시 아무것도 없는 것이 생각으로 일어날 뿐, 텅 비어버린 망망한 공간을 하늘이라 부르지 않았던가! 정녕 하늘이란 변함없는 공의 세계란 말인가. 그렇지는 않을 것이다. 분명 오늘 나는 텅 빈 하늘에서 아름다운 경치와 여러 사람을 보았다.

엄밀하게 따지자면 이 세상에 공이란 존재하지 않을 것이다. 아무 걸릴 것도 없는 저 파란 하늘도 사람뿐만이 아니고 세상 만물이 뿜어낸 갖가지 기운으로 가득 차 있을 터이다. 자연계에 존재하는 모든 공간이 성글거나 촘촘하거나 하는 차이만 있을 뿐, 미지의 물질들로 가득 차있다는 사실을 이미 과학자들이 밝힌 바 있지 않은가.

그러고 보면 사람들이 괜히 실제에는 없는 공이란 개념을 만들어 오히려 그것을 제 편의 따라 요리조리 요리하며 살아왔다고 말해야 옳을 터이다. 똑같은 형편을 두고도 어떤 이는 만족해 하고 또 어떤 이는 무진 허기를 느낀다. 가진 것을 죄다 나누어 주고도 공수래공수거라 노래하는 삶도 있고, 이미 짊어진 것도 무거워 쩔쩔매면서도 죽기살기로 더 보태기만 하려는 삶도 있다.

마음먹기에 따라 빈 것도 가득 찬 것이 되고, 찬 것도 빈 것으로 되는 것이 인생사다. 결국 사람이 행복하게 사는 일이란 것도 제 마음속에서 비어 있는 곳을 무엇으로 채울 것이며, 차 있는 곳은 또 어떤 방법으로 비울 것이냐가 관건이 될 터이다.

그동안 나는 공을 두고 보다 현학적이 되기 위해 열심히 공부도 해보았고 더러는 철학적이거나 종교적인 해석을 붙이려고 애를 쓴 적도 있다. 그러나 이제는 알겠다. 공이 그다지 복잡하고 거창한 것이 아니라 때에 따라 채우기도 하고 비워내기도 해야 하는 대상임을 깨닫는다. 공의 속성이야말로 바로 그 사람의 마음에 닿아 있을 터이다.

나 여태까지 무겁게 들고 있던 공空을 이제 그만 내려놓아야겠다.

들리는 소리만으로

요즈음 들어 아내는 내게 '당신 전화 받는 목소리가 너무 커서 문제' 라는 지적을 자주한다. '여태껏 잘 지내다가 새삼 무슨 트집이냐' 고 윽박지르자, 내 말소리가 자꾸 커져서 이제는 자기 옆에서 있는 사람에게까지 통화내용이 들릴 지경이니 이만저만한 낭패가 아니란다. 참으로 난감한 일이다. 전화를 하다 보면 상대방의 말이 잘 들리지 않으니까 나도 모르게 목소리를 키워 간 것이지 나 혼자 무슨 팔자 고칠 일이 생겼다고 마구 큰 소리로 통화하려 했을까?

내가 드러내놓고 말하지 않았을 뿐이지 어느새 내 귀는 작은 소리만이 아니고 빠른 말소리에도 많이 약해졌다. 아이들의 속도 있는 언어 구사에도 멍해 있고, 젊은 랩 가수들의 노래 말은 흡사 낯선 외국어를 듣는 것 같다. 특히 주위가 시끄러운 곳에서의 대화는 나를 곤혹하게 만든다. 상대방은 내게 열심히 얘기를 하고 있지만 대충 알아듣고 응대하는 형편에 놓였다.

그러다 보니 귓속말로 소곤거리는 것도 서툴고 낮고 부드럽게 얘기할 경우에는 무척 애를 먹어야 한다. 또 나를 돌려 세워놓고 저희들끼리 수근거릴 때는 나를 흉보거나 욕하는 것처럼 느껴져 기분이 개운하지 못하다. 이런 일들이 결국은 노화현상 때문일 것이라 생각하니, 새삼 나이에서 오는 소외감이 안개처럼 피어올라 온 몸을 감싸고 돈다.

더욱이 평소에는 내가 늙어간다고 실감하지 못하고 살다가 어느 날 바로 코앞에서 이런 일을 당하게 되니 기가 팍 죽는다. 세상은 바야흐로 인터넷시대에 접어들어 사람끼리 직접 얘기하는 기회마저 줄어들고 있는데, 듣는 일까지 서툴게 되면 사람들과 더욱 멀어지는 신세가 되고 말 것이라는 걱정도 생긴다.

하기야 인생살이란 게 들어도 듣지 않은 것처럼 행동해야 할 때도 있는 법인데, 나는 내가 들을 필요조차 없었던 것까지 억지로 듣는다고 귀를 혹사한 결과가 드디어 찾아오고 말았다는 자괴감도 적지 않다. 지난 날 내가 남의 아프고 억울한 일에 좀더 진지하게 귀 기울이고, 나에게 주는 쓰디쓴 충고에도 겸허하게 몸을 낮추었었다면 아직도 귀가 쓸 만할 것이라는 괜한 생각마저 든다.

그런데 나를 흉보던 아내의 방에서도 자꾸 큰 소리가 새어 나온다. 티브이 소리가 최근 2년 사이에 엄청 커진 것이다. 나는 그런 변화를 분명하게 느끼는 데 문제는 본인이 깨닫지 못하고 있다는 것이다.

마치 내가 전화 목소리를 자꾸 키워가면서도 제대로 인식하지 못하거나 아차 싶어도 시치미를 뗀 것과 같은 맥락이지 싶다. 단둘만 사는 노인네들끼리 서로 당신이 더 큰 소리를 낸다고 우기고 있으니, 이게 희극인지 비극인지 사뭇 헷갈린다.

그런데 오늘 아침이다. 아침드라마를 보면서 밥을 먹는데 아내가 뭐라고 말을 건다. 티브이 소리가 뒤섞여 정확하게 듣지는 못했지만 어림짐작으로 말을 받았다. 그러자 아내는 나와 의사소통이 되었는지 몇 마디 더 말을 이어갔다. 서로가 적당히 알아듣고 눈치껏 대답한 꼴이었지만 충돌 없이 짧은 대화는 무사히 끝이 났다.

그래 이것이야, 바로 여기에 비결이 있었네! 들리는 소리만으로도 열심히 살아가야 할 나이가 되었다는 사실을, 새삼 알게 해주니 산다는 게 참 신통하다.

지갑 열기

오늘 아침, 아내는 어디서 귀동냥을 했는지 사뭇 진지한 표정이다. "당신이 지금 열심히 밖으로 나다니고 있으니 남들이 인정하고 대접해 주는 것으로 믿을지 모르겠지만 어림없는 소리요. 당신 나이를 생각하면 뻔한 일 아니오? 앞으로 계속 모임에도 나가고 젊은이들과 어울리고 싶다면 눈치껏 더 자주 지갑을 열어야 할 것이오."

지갑을 자주 열라니 참 난감한 일이다. 이 세상에 자기 돈 아깝지 않은 사람 어디 있을까? 더구나 벌이가 끊긴 노년의 경우는 보다 심각한 문제가 될 터이다. 또 내 연령층을 보면 공무원을 제외하고는 국민연금제도가 시행된 지, 10년쯤 되어 모두 퇴직했으니 제대로 된 혜택을 받을 수도 없다. 그런데도 지갑을 자주 열어야 한다면 과용하지 않는다는 전제가 반드시 따라야 할 것이다.

만일 한 때의 기분에 밀려 힘에 부치게 돈을 썼다면 그 후유증은 꽤 오래 갈 것이다. 또 남의 손에 이끌려서 억지로 돈을 내거나 체면치레 때문에 어쩔 수 없이 지갑을 열게 되었다면 마음까지도 편치 않을 터이다. 기왕에 쓸 돈이면 좋은 기분으로 쓰자고 각오를 다질 필요는 있지 싶다.

좋은 마음으로 계산을 했으면 남들이 고마워하면 다행이고 아니해도 그뿐이어야 한다. 만약에 제가 쓴 돈보다 더 이상의 대접을 받으려 마음먹고 있다면 상처 받기 쉬울 터이다. 돈 쓰는 사람이 쓴 돈 이상으로 생색을 낸다던지, 대접받는 상대방의 자존심을 헤아리지 못하면 오히려 나쁜 결과만 초래하게 될 게 뻔하다. 하여 남을 위해 돈을 쓸 때엔 소리 없이 움직여야 하고, 대접받을 때는 감사함을 잊지 않는 태도가 정답일 터이다.

돈이 많다고 지갑을 자주 여는 것도 아니요, 좀 빡빡한 형편이라도 적당한 때에 지혜롭게 지갑을 여는 사람도 꽤 많은 세상이다. 이처럼 '재산과 지갑 여는 빈도가 반드시 일치하는 것은 아니다' 라고 말할 수 있는 인생사가 참 재미있다. 그러나 막상 여유가 없으면서도 알량한 자존심 때문에 호기를 부리는 사람이나, 제 자신을 위해서는 돈을 잘 쓰는 이가 남 앞에만 서면 아예 지갑을 자물쇠로 채워버리는 사람을 보면 참 딱하다는 생각이 든다.

때맞추어 지갑을 연다는 것이 결코 쉬운 일이 아니겠지만, 나이

들어서도 행세하려고 마음먹었다면 지갑은 자주 열고 볼 일이다. 다만, 지갑을 열겠다고 마음먹었으면 망설이지 말아야 한다. 이것저것 너무 재다보면 기회도 놓치고 설령 열어도 빛이 바래지기 때문이다. 가능한 한 때를 잘 맞추고 타인이 부담을 덜 느끼도록 편안하게 돈을 쓰는 훈련이 꼭 필요할 것이다.

나는 어떤 곳에서, 어떤 이유로, 얼마만한 돈을 지불했던 간에 일단 나간 돈에 대해서는 빨리 잊어버리려고 노력하는 것으로 지갑 열기의 난제를 조금씩 해결해 나가고 있다.

때가 되면

벼꽃이 막 필 무렵, 잠자리가 우화羽化하는 것을 보면 신통하기만 하다.

물속에서 살던 애벌레가 육지로 나와서 잠자리로 변신하여 하늘로 날아오르는 광경은 실로 놀랍다. 껍질을 뚫고 나온 어린 잠자리는 마치 젤리로 빚어놓은 장난감처럼 흐물흐물한 상태로 꼼짝도 못하고 찰싹 달라붙어 있다. 설령 천적이 나타나 목숨을 노려도 피하지 못한다. 그렇다고 그것이 무엇을 먹은 것도 아니고 오직 그림처럼 머물러 있기만 했는데도, 두어 시간 지나고 나면 가벼운 날갯짓을 시작한다. 생명의 기운이라고는 하나도 없어 보이던 것이 어찌하여 힘찬 비상을 이루어 낼까?

어린 잠자리는 때가 되어 껍질을 찢고 밖으로 나올 줄을 알았고, 위험을 무릅쓰고 몸을 말리는 시간을 벌었으며, 날 수 있는 힘이

때가 되면 | 한지 수묵, 20호

날개에 비축될 때까지 조용히 기다리는 순리를 따른 까닭이었을 것이다. 아, 그 기다림 속에는 햇볕과 공기와 시간이 신의 손길처럼 작용하여 불가사의한 힘으로 나타났으니 그저 놀랄 수밖에. 자연의 기준은 때가 있을 뿐이다라는 말처럼 자연은 억지로 하지 않더라도 때가 되면 스스로 그렇게 이루어질 터이다.

자연이 그렇거늘 인생이야 일러 무엇 하리오. 영원할 것 같던 사랑에도 이별이 오고, 승승장구할 것 같던 권력도 때 되면 무너진다. 대대손손 부를 누리려던 재벌가의 계획도 아차 하면 수포로 돌아가고, 힘들게 얻었던 명예도 사소한 실수로 허망하게 스러진다. 사람들이 암만 붙잡아 두려고 모이를 뿌려대도 계절이 바뀌면 어김없이 철새는 떠나고 만다. 이렇게 세상 모든 것에는 때가 있다. 그러나 참으로 기다릴 줄 모르는 요즘 세상이다.

만일 조용히 자리에 앉아서 기다리면 남에게 뒤져 버리거나 큰 손해를 당할 듯이 너나없이 요란하게 날뛴다. 특히 언론에서 한마디 했다 하면 즉각 반응이 나타난다. 만약 그 내용이 건강이나 돈 버는 일과 관련된 내용이라면 어김없이 커다란 소용돌이를 몰고 온다. 그래서 굼벵이가 몸에 좋다면 굼벵이의 씨를 말리고, 뜸부기가 좋다면 그 놈이 논바닥에 내려앉을 틈이 없게 된다.

만일 어느 지역을 두고 개발계획이 있을 것이라고 냄새만 피워도 그 다음 날로 전국의 투기꾼들이 모여 야단법석을 떤다. 지난한 시절에는 바다 이야기가 사나운 파도처럼 일자 온 나라가 휘청거리기도 했었다. 이렇게 무엇이건 소문만 나면 정신 없이 한 곳으로 몰리는 사회적 병폐는 힘이 있어 정보가 빠르거나 돈이 많아 여러 가지 방법을 동원할 수 있는 사람들을 더욱 배부르게 만드는 방향으로 흘러가고 있으니 안타깝기 짝이 없다.

뒤돌아보면, 나 역시도 어지간히 참을성 없이 살아왔으니 남을 험담할 처지도 못 된다. 어떤 일이 잘못되었다 싶으면 총알처럼 쏟아내었던 독설을 조금만 참았어도 내 주변에 머물렀던 사람들이 얼마쯤은 더 편안했을 터이다. 또 기다려야 할 때라는 것을 뻔히 알면서도 내게 위험이 예견되거나 기회를 빼앗길 작은 징후만 보여도, 나는 늘 속전속결의 전의戰意를 불태웠으니 나로 인하여 상처받은 사람도 적지 않았을 것이다. 서둘지 않고 끊기 있게 참았다면 내 인생길도 많이 편안했을 터이다.

비록 아는 것과 행동하는 것이 서로 다를 수가 있다 할지라도, 때를 알고 기다리자고 스스로가 다짐했으면서도 이행하지 못한 이 어리석음은 또 어찌해야 하는가?

숙제

오래 전부터 고령화 사회를 준비해 왔다는 선진국에서도 가장 풀기 어려운 문제 중의 하나가 노인문제라고 공공연히 말하고 있다. 예를 들면 돈으로 도와주기에 초점을 맞추거나 외형적으로 위로하고 생색내기에 바빴던 노인복지제도가 투입한 물량에 비해 그 효과가 너무 미미하다는 사실을 뼈아프게 겪고 나서야 정책방향을 대폭 수정해나가는 중이라 한다.

우리에게는 많지도 않은 노령연금 주는 일 하나를 놓고도, 그 재원조달과 분배방식 때문에, 말도 많고 탈도 많아 해를 꼬박 넘기고 말았을 정도로 힘겨운 게 노인문제다. 그래도 지금 여러 사회단체에서는 노인학교나 노래교실 등을 활발하게 운영하고 있고 그 숫자 또한 알려진 것보다는 훨씬 많다고 한다. 특히 노인학교에서는 여럿이 함께 강의도 듣고, 노래도 배우고, 단체로 국내외를 여행하며 재미있고 유익하게 노후를 보내는 것으로 알려져 있다. 따라서 이제 우리 노년들도 꽤나 살기 좋은 환경에서 행복하게 살아가는 것처럼 받아들이기 쉽다.

그러나 어림없는 얘기다. 그곳에 다니는 노인들은 일정수준의 경제적 여건과 생활환경이 뒷받침된 소위 선택 받은 소수라 볼 수 있기 때문이다. 즉 대부분의 노년들에게는 그림의 떡이란 말이다. 또 누구나 평생교육을 쉽게 얘기하고 노년들도 공부를 계속해야 한다고 외치지만, 막상 제가 하고 싶은 교육을 받으려면 시간적 여유와 상당한 비용부담이 따르게 마련이라 어쩔 수 없어 포기하고 만다. 적은 돈을 위해 단순 서비스업종에서 일을 하려 해도 젊은 노동력이 몰리고 있는 까닭에 아예 노인에게는 차례가 돌아오지도 않는다. 신종 직업인 지하철 택배도 아무에게나 주어지는 기회는 아니다. 허리 꼬부라진 70대 노인이 폐지 줍는 일을 하고 있는 모습을 자주 볼 수 있는 게 현실일 뿐이다.

이런 사례처럼 대개의 노년들은 경제, 사회적 지위가 약하고 역할마저 미미하기 때문에 그들의 속 사정이 외부로 알려질 기회가 많지 않다. 정작 문제가 심각한데도 사회적 관심이 부족할 때는 스스로가 수면 아래로 가라앉아 버린다. 적지 않은 노년들이 그가 현직에서 활동했던 세월보다 더 긴 날을 가난과 질병과 무료함에 시달리며 살아가고 있다고 보는 게 정확할 것이다. 특히 돈

없는 노년들의 생활은 지극히 단순하여 희망적인 변화를 기대하기가 어렵다. 어제가 오늘 같고, 오늘 또한 내일 같은 날들의 연속이다. 특별하게 갈 곳이 없으니 동네 노인정에 둘러앉아 하루 종일 심심풀이 화투를 치거나 온갖 세상 얘기를 농담처럼 나누다가 해가지면 터덜터덜 집으로 돌아오는, 개미 쳇바퀴 도는 식으로 산다.

젊어서 열심히 일한 결과를 모두 자식에게 주어버리고 지금은 동창 모임이 부담스러운 노인들도 있다. 또 사는 집을 팔아 좀 나은 생활을 하려 해도 자식들 눈치가 보여 결행 못하는 부모도 적지 않다. 없는 것보다 못한 자식이 호적상에 있다는 이유만으로 사회로부터 이런저런 불이익을 받아도 속으로만 끙끙 앓고, 어떤 이는 출세한 자식 때문에 도리어 곤경을 당하기도 한다. 한 끼의 식사를 해결하기 위해 무료급식 차 앞에서 길게 줄을 서서 기다릴 수 있는 건강만으로도 다행이라 여겨야 할 판이다.

그러나 오늘의 노년들 대부분이 그 어려운 살림살이에도 자식을 키우고 교육시키는 일에 전력을 쏟느라, 막상 자신의 노후 준비에는 마음을 쓸 여지가 없었던 것을 인정해야 할 것이다. 자식을 잘 길러놓고 나면 최소한 그들의 노후는 자식들이 책임져 줄 것이라는 기대치가 어이없이 무너져내린 현장에 서서 이 땅의 어버이들은 허망함에 몸을 떨고 있다. 언젠가 제주도에 버려진 노인한 분이 평소 '나는 연고라고는 전혀 없는 사람이요"라고 입버릇처럼 말했지만, 그가 죽은 후 보따리를 뒤져보니 아들의 전화번호가 버젓이 있었다 한다.

누가 뭐래도 장수하는 것이 산 자로서는 가장 큰 보람이어야 할 것이다. 또 오래 산다는 것이 현대 문명이 준 최고의 선물이 되어야 할 터이다. 목숨만 부지한다고 결코 잘 살았다고 말할 수는 없으리라. 사람이 제대로 사는 것처럼 사는 기간을 연장해야 옳은 수명 연장이 될 것이다. 만일 최고의 소망인 장수가 풀지 못할 고통으로 떠오르게 된다면 개인은 물론 사회적으로도 불행한 일이 될 터이다.

우리나라에서 하루에 노인 군群으로 새로 편입되는 인구가 1,500명이고, 그들 중 절반이상이 빈곤계층에 속한다 한다. 눈앞의 노인문제가 얼마나 심각한지 아찔하게 보여주는 통계 숫자이다. 이제는 기초노령연금제도를 고쳐 시행하고 있다고는 하지만 아직도 국가의 역할은 턱없이 부족한 실정이다. 그렇다고 후대에게 무거운 짐을 억지로 지울 수도 없으니, 바로 이런 일들이 우리 앞에 놓인 공동의 숙제이자 개개인의 숙제이다. 이 숙제를 현명하게 풀지 못한다면 우리의 미래는 어두울 수밖에 없다.

어느 선배 문인文人이 '재수 없으면 백 살 산다' 라는 글을 남겼다는데 씹을수록 씁쓸하다.

꽃을 볼 수 없다면

요즈음은 소문난 꽃 축제를 찾아가도 활짝 핀 꽃 세상을 만나기가 어렵다. 아직 꽃이 제대로 피지 않았거나 반쯤 져버린 경우가 태반이기 때문이다. 그만큼 꽃 피는 시기를 제대로 맞추기 어렵게 된 세상이다. 봄이 오면 개나리와 진달래, 벚꽃과 철쭉이 차례로 피던 세월이 언제인가 싶게 이제는 앞뒤도 없이 마구 섞이어 핀다. 내가 즐겨 오르는 산기슭에도 겨울에는 개나리가, 늦은 봄에는 코스모스가 피어 하늘거리는 모습을 보는 일이 흔해져 버렸다.

이런 현상을 두고 급속한 도시의 발달이나 인구의 증가, 대량 소비생활의 확대가 식물이 살아갈 환경을 악화시켰기 때문이라고 전문가들은 설명하고 있다. 그러나 나는 산업화의 결과보다는 현대를 살아가는 사람들의 생각이 꽃에 더 많은 영향을 주고 있다고 믿고 있다. 사람이나 꽃이나 짐승을 가릴 것 없이 생명 있는 것들은 모두가 자연에 속해 있기 때문에 서로 교감하고 공감할 것은 당연한 일일 것이다.

그런데 지구상에서는 단 하루도 쉬지 않고 소규모의 전쟁이나 테러가 일어나고, 종교나 이념의 대립으로 숱한 목숨이 죽어간다. 권력으로 괜한 사람을 겁주고, 돈으로 사람을 무시하기 일쑤다. 뭇 생명을 경시하고 욕심 때문에 남을 공격하는 잘못된 기운은 도대체 어디로 갈까? 아마 그런 나쁜 기운은 단 한번의 작용으로 사라지지 않고 더욱 세력을 확장하여 끝내는 이 지구를 덮어 자연계에 좋지 않은 영향을 미칠 것이고, 연약한 꽃에게는 더 큰 피해를 줄 것이다.

뿐만 아니다. 언제 보아도 아름다운 보습과 은근한 향기를 내뿜는 꽃의 특성을 인간은 다른 사람을 속이는 데 교묘하게 이용한다. 눈부신 장미 꽃다발을 가슴에 안고, 입으로는 상대방의 환심을 사면서 뒤로는 비열하고 엉뚱한 계획을 추진하는 게 인간이다. 어떤 행사든 축하화환을 죽 늘어놓고 그 숫자를 헤아려 성공여부를 가늠하려 하니 얼마나 우스운 꼴인가? 꽃을 꽃으로 보지 않고 제 목적을 이루기 위한 도구로 여기는 세태이고 보면, 선물하는 꽃바구니에 제 마음을 싣지 않고 얼마짜리라는 가격을 얹을 뿐이다.

모든 생명에는 자유를 향한 의지도 갈망도 있을 터이다. 사람이 꽃을 아무리 예쁘게 키운다고 해도, 들녘에 혼자 피었다가 때 되면 미련 없이 지는 꽃과 비교할 수는 없을 것이다. 사무실에 놓인 야생화가 비록 앙증맞게 예쁘다 해도 그런 꽃에 영혼은 이미 떠나가고 빈 껍데기만 남았으리라. 더구나 발이 잘려 화환에 꽂힌 꽃들은 그 아름다움 뒤에 가려진 아픔이 얼마나 클까?

그러니 꽃이 사람을 기쁘게 하기 위해 핀다는 턱없는 생각일랑 아예 접어두는 게 옳을 것이다.

우리는 오늘도 경제성장을 핑계로 자연에서 꽃이 살아갈 터전을 여지없이 파괴하는 어리석은 짓을 거리낌없이 행하고 있다. 공개적인 자리에서는 자연을 소중하게 여겨야 한다고 거듭 주장해놓고, 막상 제 이익이 걸리게 되면 언제 그랬냐는 듯이 자연을 파괴하는 일에 앞장서기 일쑤다.

계속 이런 일이 반복된다면 자연에서 스스럼없이 웃고 춤추는 꽃을 언제까지 볼 수 있을지 의문이 아닐 수 없다. 만일 어느 날부터인가 더는 야생에서 꽃을 볼 수 없게 된다면, 분명 사람들마저 제대로 살아갈 수 없는 환경에 놓여 있을 것이다.

골목길 | 한지 수묵, 20호

5 허기 만나다

여백을 생각하다 | 후회 | 낙인 | 은혜의 강물 | 허기 만나다 | 명함이 없는데요 | 화두로 삼다 | 내 사진의 효용성에 대하여 | 달면 삼키고 | 완행열차를 타고

여백을 생각하다

여백은 상상이요 꿈이요 가능성이다. 내가 한국화에 점점 깊이 빠져들게 되면서 여백에 대해 생각도 많아졌다. 어느새 나는 여백에 매료되었고, 진정 그것을 아끼며 사랑한다. 한국화에서의 여백은 실제 먹으로 그림을 그리고 담채淡彩를 입히는 것에 못하지 않는 비중을 가진 부분이다. 여백으로 비어 있는 공간에서 화가가 미처 그려 넣지 않은 내용을 감상자 스스로가 찾아내기도 하고, 말 못하고 숨겨둔 얘기를 들을 수도 있다. 또 여백은 감상자가 자신의 생각을 마음껏 펼쳐 보일 기회를 제공받기도 한다.

이런 이유로 그림을 보는 시선은 언제나 묘사된 사물의 중심부에 멈추어 서는 것이 아니고 자연스레 여백 쪽으로 흐르기 마련이다. 산 속으로 외줄기 길이 나 있고 그 길을 따라 어떤 스님이 걸어 가고 있는 그림이 있다고 하자. 만일 길 끝에 절 집 하나 놓여져 있다면 상상은 앞으로 더 나아가지 못하고 말 것이다. 그러나 멀리 펼쳐진 숲 속으로 길이 이어지고, 끝내는 그 길마저 여백 속으로 슬며시 빠져들었다면, 보는 사람에 따라 여러 방향으로 스님의 행로를 추측할 수 있게 될 것이다.

이처럼 한국화가 여백을 지녀 많은 사연을 함축하고 있듯이, 삶도 여백이 있어야 보다 풍성해질 것이라 생각한다.

그러나 삶 속에서의 여백은 쓰고 남아서 여유를 부린다거나, 만족함으로써 생겨나는 마음의 포화상태와는 적지 않게 다를 것이다. 어쩌면 더 가질 수 있는 입장인데도 어느 선에서 멈추어 주는 배려나, 다 갖추고 있으면서도 자기를 내세우지 않는 겸양, 약한 상대를 끝까지 몰아 부치지 않는 관대함이나, 억압하는 강자에게 당당히 맞서는 용기 같은 것이 어울려서 만들어 내는 품격이라고 말해야 할 터이다.

또 조금이라도 더 빨리 가기 위해 큰 길만을 찾아 고속으로 질주하기 보다는, 잘 알려지지 않은 지방 도로를 천천히 돌아가며 젊은이들이 모두 떠나버린 쓸쓸한 마을을 안쓰럽게 바라보는 유정한 마음이나, 제 성공을 자랑하려 우쭐대기보다는 남의 실패를 위로하는 손길을 먼저 내미는 따뜻한 인성이 여백일 성싶다.

내 지난날을 뒤돌아보면 한 뼘의 여유라고는 찾을 수 없는 답답한 인생행로였다. 지난날 나는 직장생활에서의 우등생은 주어진 일을 치밀하게 계획하여 완벽하게 마무리 짓는 사람이라 믿었다. 그래서 눈앞에 일을 두면 반드시 끝장을 보려 설쳤고, 예상치 못한 문제가 생기면 그것이 풀릴 때까지 깊이 잠들지 못했다. 업무상의 과오나 실수마저도 내 스스로가 용납하지 못했고, 몇 번을 다시 해서라도 기대했던 결과를 얻어내려 안달했었다.

내가 경영자로 일하면서도 마찬가지였다. 나는 회사에 더 좋은 실적을 안겨주기 위해 직원들이 느슨해지지 못하도록 독려하고, 닦달하며, 숨가쁘게 몰아붙였다. 나는 구성원들에게 이윤에 의한 포상이라는 달콤한 열매만을 높이 쳐들 줄 알았지 그들에게 상상을 주고, 가능성을 주고, 새로운 출발을 위한 꿈을 주는 일에는 소홀했다. 그림으로 치면 욕심을 잔뜩 부려 넓은 화선지를 빈틈없이 채울 생각만 했지 여백을 만들지 못했던 것이다.

요즈음 나는 자동차를 몰고 한적한 도로를 달리며 스쳐 지나가는 아름다운 풍경을 그냥 바라보기만 해도 감동의 물결이 가슴에 차오르는 것을 자주 느낀다. 아마 내 나이가 인생을 조용히 관조하는 것만으로도 풍성해질 때가 된 모양이다. 삶에서의 여백이란 것도 결국은 겸손과 가장 지척에 있음을 이제야 겨우 눈치채고 있다. 무척 다행한 일이다.

후회

추석 다음 날, 나는 무료함도 달래고 산책도 할 겸 이른 아침에 수성 못으로 갔다. 어쩌면 명절 뒤에 오는 공허감 같은 게 나를 이끌었는지도 모르겠다. 물새 두어 마리가 수초 위에 한가롭게 서 있었을 뿐 못은 텅 비었다. 흐린 하늘과 흐린 못 그리고 나, 셋이서 마치 오래된 친구처럼 다정하게 걷고 있었다.

멀리 차도로부터 둑길로 들어오는 사람이 조그맣게 보인다. 두 사람인데 마치 한 몸같이 움직인다. 연인들인가? 점점 가까워지자, 키가 훌쩍 큰 군인과 그의 어머니로 보이는 키 작은 초로의 여자다. 아들은 어머니의 짧은 발걸음에 속도를 맞추기 위해 반걸음씩만 부지런히 떼고 있다. 그런 균형 깨진 걸음걸이가 어색하고 지루하기도 하련만 아들은 긴 팔로 왜소하기까지 한 어머니를 연인처럼 안고 걷는다.

어머니의 오른 손에는 허름한 보퉁이가 들렸고 아들은 왼쪽 손으로 야전용 백을 움켜쥐었다. 아마 휴가를 끝내고 오늘 귀대중인 모양이다. 금쪽같이 귀한 시간일 터인데 특별한 위안이나 구경거리도 없을 아침시간의 수성 못에는 왜 왔을까?

다정하게 걷던 어머니가 순간 기우뚱한다. 놀란 아들이 아예 어머니를 끌어안고 만다. 아들은 어머니의 보퉁이를 뺏어 들려고 몇 번이고 시도했지만 한사코 뿌리치는 어머니다. 끝내 이기지 못한 아들. 장면은 다시 본래대로 돌아갔고 아들의 보폭步幅은 더욱 좁아진다. 나는 스쳐 지나간 그들에게서 눈을 뗄 수 없어서 오던 길을 되돌아 슬며시 뒤따라간다.

걸으면서도 어머니는 쉬지 않고 아들을 올려다본다. 아들도 간간이 어머니를 내려다본다. 그러다 둘이 눈이 맞으면 멋쩍게 씩 웃고 만다. 그 웃음 속에 감춰진 속 깊은 정을 어찌 말로 다 할 수 있으리오. 아무리 봐도 홀어머니가 틀림없지 싶다. 대개 홀어머니와 아들이란 설정은 외로움과 가난을 떠 올리게 하지만, 동시에 헌신적인 어머니의 사랑과 자식의 효도가 연상되기도 한다. 지금 내가 보고 있는 그림이 바로 그런 것이다.

어머니야 아들이 귀대하는 게 안쓰럽겠지만 아들은 아들대로 힘든 농사일을 고스란히 어머니에게 맡겨두고 떠나는 것이 걱정도 되어 차마 잡은 손을 놓지 못하는 것 같다. 그 안타까운 마음이 나에게까지 고스란히 전해져서 한숨이 절로 나온다.

띄엄띄엄 긴 나무의자가 길가로 놓여있건만 그들은 차마 앉지도 못하고 걷고 또 걷는다. 단 한 순간도 쉬지 않고 꾸역꾸역 걸어야 하는 것이 인생길이듯이, 어머니와 아들로 만난 그 인연을 소중히 여기며 끝까지 함께 가겠다는 뜻인가 보다.

요즈음은 부모가 자식에게 물질적으로 베풀 능력이 없으면 효도는커녕 부모 대접도 받지 못한다는 세상 아닌가? 가을이 수면까지 성큼 내려와 있는 빈 둑길을 서로 꼭 붙들고 걷고 있는 모습이 좋은 영화의 한 장면처럼 보기에 좋다.

아름답거나 감동적인 모습은 진정으로 사랑하는 마음이 서로 합쳐지는 순간에 만들어지는 것이겠지. 진실하기만 하다면 그 사랑의 대상이 연인이든 가족이든, 친구나 남남끼리라도 상관없지 싶다. 그래서 도스토예프스키도 '아름다움이 세상을 구원한다' 라고 적었을 것이다.

문득 내 젊은 날이 떠올라 진한 후회가 가슴을 후벼판다.

내가 군에 있었을 때, 어쩌다 휴가를 받아 집에 가게 되면 나는 친구들과 놀기에 정신이 없었다. 아들을 위해 정성껏 마련한 음식도 때를 넘기거나 싸늘하게 식혀버리기 일쑤였다. 드물게 어머니와 외출할 기회가 생겨도 나는 발걸음을 맞추기는커녕 언제나 휑하니 앞서갔다. 오랜만에 아들과 나란히 걸으며 이것저것 묻고 싶었던 어머니의 심정을 헤아릴 틈이 나에게는 없었던 것이다. 휴가를 마치고 귀대하는 날 아침까지도 나는 밖으로만 나돌았으니.

그뿐이 아니다. 나는 제대와 동시에 복학을 하며 집을 떠났고 내처 객지 생활을 했다. 고작 1년에 두어 번 명절을 맞아 고향에 내려가 어머니를 뵌 것이 전부다. 뭐가 그리 바쁘고 중요한 일이 많았던지 지금 생각해도 이해할 수가 없다. 어머니와 함께 있는 시간이 내 인생에서 얼마나 소중하고 행복한 일인지를 너무 늦게 깨달은 것이 후회막급이다.

낙인

산 중의 해는 발걸음이 빠르다더니 중천을 조금 비껴나 있던 해가 어느새 서쪽 능선에 걸렸다. 한 스님이 예불을 드리려는지 대웅전 문을 활짝 연다. 창호지로 두껍게 바른 문살 사이를 햇빛이 투과하며 내는 옅지만 밝은 주황색을 바라본다. 그래 저 색깔이었지! 그날 아침에 어머니의 고무신을 들어 햇살에 비추었을 때, 다 닳아버린 생고무 밑창을 통과한 햇살은 바로 지금 저 창호지 색깔과 꼭 같았다.

당시 우리 어머니들의 삶을 어떻게 글로 다 표현할 수 있으리오. 모진 역사의 소용돌이 속에서 당신들이 겪었던 인고의 세월을 얘기하자면, 어느 삶인들 전설 같지 않으리오. 늘 배고픔과 죽음이 곁에서 혀를 날름거리던 시절의 우리 어머니들은 모진 비바람과 추위를 오직 당신 한 몸으로 막아 내며 자식들을 키워낸 강인한 사

가족 | 한지 수묵, 15호

랑의 화신들이었다.

쌀이 너무 귀했던 시절. 하루는 어머니가 아침 일찍 말없이 집을 나가 밤이 늦어서까지 깜깜 무소식이었다. 나는 걱정을 한 보따리 안고 무서움을 달래가며 문 밖에 서 있었다. 그러다가 다리가 아프면 쪼그려 앉고 또 일어서서 멀리 한길을 내다보곤 했지만 끝내 오시지 않던 어머니였다. 어떻게 잠이 들었는지 눈을 뜨니 이미 해는 높이 떠 올라 사방을 훤히 비추고 있었다. 나는 후다닥 일어나 방문을 열고 뛰어나갔다. 아, 댓돌 위에 놓인 어머니의 흰 고무신, 그리고 마루에 쌀자루 하나!

살며시 문을 열고 안방으로 들어갔다. 어머니는 곤히 잠들어 있었다. 이불 밖으로 나와 있는 발밑에 베개가 고여 있어서 다가가서 살펴보다가 깜짝 놀랐다. 어머니의 발바닥은 온통 물집으로 퉁퉁 부어 있어 건드리기만 해도 진물이 왈칵 쏟아져 내릴 것만 같았다. 얼른 마당으로 달려 나와 놀란 가슴을 쓸어내리다가 무심코 앞에 놓인 어머니의 고무신을 집어 들었다. 너무 가벼웠다. 종이짝같이 얇아진 생고무 밑창은 햇빛을 받아 밝은 주황색을 드러내고 있었다. 이런 신발로 저 무거운 쌀자루를 이고 집까지 오셨단 말인가!

나중에야 들은 얘기지만 그날 어머니는 쌀을 구하기 위해 고향인 고성으로 가셨더란다. 어찌어찌하여 쌀을 얻어서 돌아오려니 이미 시간은 통행금지에 다가서 있었고, 할 수 없어서 밤을 새우며 기다렸다가 꼭두새벽에 길을 나섰단다.

시절이 혼란스럽고 곳곳에 위험이 도사리고 있었건만 자식들의 등교시간에 맞추려 첫 차를 기다리지도 못하고 서둘러 오신 길. 그 길이 지금처럼 포장이나 된 길인가? 자갈과 모래와 진흙으로 이어진 사십여 리의 길을 걷고 걷다가 운 좋게 화물차를 만나 무사히 오셨다니, 어머니의 발바닥이 온전히 남아 있었을 리가 없었겠지.

보리밥이 먹기 싫다고 징징댄 나의 철없는 투정이 어머니를 지옥 같은 고생길로 밀어 넣은 셈이었다. 끼니를 때우기도 힘들었던 시절에 호되게 야단을 치고 매를 들었어야 했을 일을 두고 당신께서는 왜 그런 선택을 하셨을까? 늦은 나이에 얻은 막내인 내가 못내 어머니의 가슴에 대못으로 박혀 있었던 탓인지도 모르겠다. 그러나 평생 온 몸을 던져 나를 사랑한 어머니에게 나는 별로 해드린 게 없다.

내가 고등학교를 졸업하고 곧바로 고향을 떠난 후, 죽음이 어머니와 나를 갈라놓을 때까지 항상 나는 너무 멀리 떨어져 있었다. 서울에서 직장생활을 시작했을 때도 달이 바뀌면 얼마간의 용돈을 우체국에서 부치고 나면 한동안은 어머니를 잊고 살았던 하루살이 같은 아들이었다. 당신이 연로하여 오시지 못할 거리라면 내가 가면 되었을 것을, 통영과 서울이라는 간격을 핑계해 가며 그러지 못하고 말았다. 간혹 전화를 드리면 '또 전화해라.' 하시던 목 메인 말씀에 '예, 그러겠습니다.' 하고 나면 그뿐이었다.

돌아가신 후 어머니의 장롱을 열었을 때 나는 눈물은 고사하고 한숨마저 멈추고 말았다.

어머니는 형제들 몰래 고운 삼베로 일습의 수의를 미리 장만하여 차곡차곡 넣어 놓으셨다. 장례비는 물론 저승길에 가지고 가실 노자 돈과 입에 머금고 가실 양식까지 따로 마련해 놓았고, 붉은색 꽃그림이 선명하게 찍힌 흰 고무신 한 켤레도 같이 싸두셨다. 하기야 아득히 먼 길 가시려면 새 신발이 있어야 했겠지. 그러나 자식을 위해서라면 저 세상 가서라도 기꺼이 수십 리 길을 마다 않고 걸으시겠다는 변함없는 사랑을 남겨 놓으신 것 같아서 차마 고개를 들 수가 없었다.

이제 나는 머리에 쌀을 이고 깜깜한 새벽길을 거침없이 내달렸던 당시의 내 어머니보다 훨씬 나이를 많이 먹었다. 자식들 모두를 품에서 떠나보낸 지도 강산이 변할 만큼의 세월이 흘렀다. 그러나 아직도 내 가슴 한가운데는 다 닳아버린 고무신 밑창이 지워지지 않는 낙인으로 남아 있다. 그리고 그 낙인은 각박한 세상살이로 내 마음이 한껏 시려올 때, 내가 온기를 잃지 않도록 나를 지켜주는 불씨가 되어 있다. 아! 어머니가 그립다.

은혜의 강물

사람이란 은혜의 강물 위로 떠가는 한 개 가랑잎과 흡사합니다. 내가 나 아닌 사람들로 인해 존재해 있고 내 삶 또한 다른 이들의 수고로 큰 탈없이 이어져 가고 있지요.

젊은 날 나는 종종 나를 싣고 가는 강물이 갑자기 말라버렸다 여겨 허망함에 몸을 떨기도 했고, 그 강물이 너무 차가워 정신을 차릴 수 없다고 분통을 터뜨리기도 했습니다. 그러나 나를 둘러싼 은혜의 강물은 언제나 변함이 없었고 오직 내 마음속에서 일어났던 변덕과 욕망이 그렇게 만든 것뿐이었습니다.

사실을 말하면, 설령 누가 은혜를 베풀고자 해도 그것을 받을 준비가 되어 있지 않으면 아무 소용없는 일이었습니다. 나무 잎이 건강한 상태를 유지하고 있으면 순한 물살을 타고 목적지로 무사히 흘러가겠지만, 잎이 너덜너덜해졌거나 몰래 다른 것을 많이 싣고 있었다면 웬만한 장애에도 쉽게 가라앉고 말겠지요.

나는 욕심이라는 작은 돌멩이를 잔뜩 쌓아 올린 찢어진 나뭇잎에 불과했습니다. 그래도 물길 따라 용하게 흘러가며 내 혼자 정직한 것처럼 고개를 치켜들기도 했고, 때로는 타협하지 못하는 내 성격 때문에 손해를 입었다고 억울해 하기도 했습니다.

나는 급한 마음을 참지 못하고 격렬하게 남과 다투기도 했고, 조급한 결정으로 주위 사람들을 아프게 만들었습니다. 나는 부조리가 만연하고 있는 세상 일에 비판하기를 그치지 않았지만, 비난받아 마땅한 내 행동에 대해서는 별다른 변명도 하지 않고 그대로 밀고 나갔습니다. 나보다 능력이 뛰어나지도 않은 사람들이 잔재수에 능하고 시류를 타는 기술이 특출한 덧에 돈도 벌고 출세도 하는 더러운 세상이라고 불평 쏟아내기를 서슴지 않았습니다.

그러나 이런 일들도 대부분이 내 판단 잘못이나 오해에서 비롯된 것이었습니다. 그럼에도 불구하고 긴 세월, 주변의 관대함에 실려 바닥으로 가라앉지 않고 탈없이 흘러온 것을 생각하면 참으로 부끄럽습니다.

나를 스쳐간 많은 사람들은 하나같이 나에게 지혜롭게 사는 방법을 보여주었고 지식과 상식도 일러 주었습니다. 성공한 사람에게서 배운 것도 많지만 실패한 사람을 통하여 깨달은 것이 더 많습니다. 건강한 사람보다는 병마와 싸우는 사람에게서 더 깊은 감명을 받았고, 똑똑하여 늘 앞장서는 사람보다는 말없이 뒷전에 서 있는 사람으로부터 인내라는 덕목을 알게 되었습니다. 가난하지만 품위를 잃지 않고 사는 사람을 만나면서 비로소 인격의 중요성을 실감했습니다.

뒤돌아보면 내 삶의 한 순간이라도 배움 아닌 게 없었으니 참으로 감사한 일이었습니다.

이런 은혜를 생각하면 내가 아무렇게나 살 수 없는 이유가 불을 보듯 뻔합니다. 만일 내가 이 세상에 기여한 것보다 갚아야 할 것이 훨씬 더 많다면 언제 다시 올지도 모르는 아득한 먼 길 갈 적에 발걸음이 너무 무겁지 않겠습니까? 누구 때문이 아니고 누구 덕분이란 생각을 항상 품고 살아야 한다는, 노 선배의 말씀이 새삼 아프게 다가오는 이른 새벽입니다.

허기 만나다

유럽 여행길에서 당한 일이다. 연일 강행되는 일정에 초저녁부터 곯아 떨어졌는데 한밤중에 심한 허기를 느끼고 눈을 떴다. 먹을 것을 찾아보았지만 적당한 게 없어서 냉장고를 열고 육포를 씹으며 생수 한 병을 죄다 들이켰다. 하지만 밀려오는 허기는 좀처럼 진정되지 않았고 잠은 저 멀리로 달아나고 말았다. 분명 전날 밤에 실컷 먹었는데 왜 그렇게 배가 고팠을까? 그런데 그 놈의 허기가 꼭 무엇을 먹고 싶기 때문이라고 꼬집어 말할 수가 없어서 더욱 난감했다. 집을 떠난 지 며칠이나 되었다고 분명 향수병은 아니었을 터이고.

그 일이 있은 후로 드물게 골목길을 스쳐가는 바람처럼 허기가 잠깐씩 나타나긴 했어도, 그때처럼 강렬하지는 않아 다행으로 여기고 있었는데 요즈음에 와서 징후가 부쩍 심해졌다. 답답한 마음에 입에 맞는 음식을 찾아 배부르도록 먹어보지만 돌아서면 금방 허기가 든다. 이렇게 지금 나를 공격하고 있는 허기가 먹는 것으로는 해결되지 않는 것을 보면, 생리적인 문제보다는 속마음과 더 깊은 관련이 있을 성싶다. 마치 가슴 저 밑바닥으로부터 황량한 기운이 계속 밀고 올라와 나를 허기지게 만드니 말이다.

현직에서 물러난 지금의 내 처지로 보면 달리 출세 길을 꿈꾸어 몸살을 내거나 돈을 더 벌지 못해 안달할 입장은 아니다. 또 뒤늦게 명예를 얻지 못해 서운하다거나 숨겨진 다른 목적 때문에 초조해야 할 이유는 더더욱 없다. 그런데도 자꾸 옆구리가 시리고 허전하다. 마치 내 삶의 구석구석에 허기란 놈들이 가을 숲길의 뱀처럼 도사리고 있는 것 같다.

잠을 못자면 못잔 대로 졸리고, 푹 잤어도 잠이 부족하기는 매한 가지다. 몸을 움직여 무슨 일을 하려 해도 일이 몸에 잘 붙지 않고 운동을 더 하자니 기력이 따라주지 않는다. 그렇다고 빈둥대면 얼마 못 가서 노는 게 싫증난다. 수필을 써도, 그림을 그려놓아도 마음에 들지 않고 책을 읽어도 쉽게 빨려 들지 않는다. 이렇게 하는 일마다 심드렁하고 마음에 차지 않아 어딘가가 빈 듯한 공허를 계속 맛보고 있으니 참으로 딱한 노릇이다.

솔직히 말해, 돈 버는 능력도 신통찮고 성격마저 불같은 내가 지금까지 큰 사고 없이 무사히 지내온 것을 보면, 내가 세상에 베푼 것보다는 부지불식간에 받은 게 더 많은 운 좋은 사람이었다는 생각에 늘 미안했다. 아마 이런 민망한 마음이 계속 나를 짓누르고 있었던 까닭으로 언젠가는 나도 뭔가로 세상에 갚음을 해야 할 것이라는 초조감이 허기로 모양을 바꿔 나타난 게 아닌지 모르겠다.

더구나 이제 총기도 흐려지고 허리에 힘조차 떨어지기 시작하니 그동안 불만을 품은 채 내 기세에 눌려있던 과거사들이 반사적인 힘을 얻어 일제히 주인이었던 나를 공격하고 있다는 느낌도 든다. 나는 세상일이 내 뜻대로 풀려가지 않는다고 세상 핑계하기를 서슴지 않았건만, 막상 내 스스로의 삶이 반듯했었는지에 대한 확신은 아직도 없다.

또 목숨을 걸 만큼 절실하다고 생각했던 많은 일들도 세월이 지나니 한낱 부질없는 욕심에 지나지 않았음을 알게 되어 무척 당황스럽기도 하다. 나에게는 별것 아닌 일들이 어떤 사람에게는 엄청 소중한 일이기도 했고, 내가 무지하게 중요하게 여겼던 일도 다른 어떤 사람에게는 시큰둥한 일일 수도 있었다. 하여 내가 그 동안 살면서 일으킨 수많은 미흡하고도 미진한 일들 모두가 힘을 합쳐 늙은 나를 허기지게 만들고 있다는 생각에 당혹스럽다.

또 있다. 내 비록 몇 살까지 살아야겠다는 목표를 감히 정할 수는 없지만 사는 날까지는 건강하게 살았으면 하는 바람은 아직도 절실하다. '건강을 잘 지켜내려면 욕심을 앞세워 무리하게 몸을 다그치기보다는 순리를 따라 부지런히 움직이는 것이 최상이다'

란 충고를 수없이 들어왔지만, 몸은 게으르고 마음은 항상 더 유용한 방법 찾기에 바쁘다.

심지어는 몇몇이 모여 앉아 건강에 대한 얘기가 오고 가면 그 내용의 진위는 불문하고 솔깃해지니 아무래도 끝이 없을 욕심 같다. 그러나 건강이 어디 묘수를 찾아낸다고 하루아침에 해결될 일이기나 하던가? 건강에 대한 나의 바람과 현실간의 거리가 결국은 참지 못할 허기로 나에게 돌아온 측면도 있을 성싶다.

지난날 내 존재를 남에게 알리기에 애쓰는 대신 스스로를 아는 일에 좀 더 노력하고, 내가 힘을 얻어 떵떵거리려고 벼르기보다 남을 배려하는 일에 투자를 늘렸었더라면 지금의 허기는 훨씬 줄었을 성싶다. 하지만 황혼녘에 서 있는 사람은 그 그림자가 길듯이 과거가 길면 후회와 잘못도 따라서 많을 터이다.

이제라도 매사에 너무 예민하게 굴지 말고 지금의 내 처지를 좀 더 편안하게 받아 들여야겠다. 그래서 때때로 나를 찾아오는 허기가 홀로 감당하기에 벅차다 할지라도 나는 온 몸으로 안아 들일 각오로 지금을 견뎌낼 작정이다. 사람이 살아 있다는 것 자체가 피할 수 없는 허기와 연결된 것일 터이고, 그 깊이나 크기는 스스로가 지은 것이니 누구를 탓하고 원망하랴 싶어서이다.

명함이 없는데요

매번 겪는 일이지만, 치열한 선거전에서 무더기로 뿌려지는 출마자의 명함을 보면 참 안쓰럽다는 생각이 든다. 지나가는 사람 아무나 붙잡고 건네준 것이 집에까지 잘 모셔져 갈 경우는 거의 없을 것이다. 하기야 명함 앞뒤로 빼곡하게 적힌 출마자의 이력을 눈여겨보는 사람이 전혀 없을 수는 없겠지만, 많은 사람들이 그런 명함을 받으면 뒤 돌아서서 휴지통이나 적당한 곳에 슬쩍 버리고 만다. 이런 일은 꼭 선거철만이 아니다. 주위를 둘러보면 대접받지 못하는 자신의 명함을 아무 생각 없이 내돌리는 사람이 한둘이 아니다.

그러나 초면에 서로 인사를 나누게 되면 명함을 주고받는 행위가 습관으로 굳어진 우리네 실정이라서 명함 내밀기의 관행은 좀처럼 줄어들지 않을 성싶다. 더욱이 그럴듯한 명함을 지녀야 행세하는 사회분위기 때문에 전혀 밝힐 필요조차 없는 사사로운 활동까지 명함에 죽 적어서 내돌리고 있으니, 한 줄로 찍힌 정직한 명함이 오히려 민망할 지경이다.

그래서 명함 한 장 보고 거금을 사기 당하는가 하면, 허리를 90도로 숙이며 쩔쩔매기도 한다. 반대로 내민 그 놈 때문에 푸대접을 받기도 하고, 아예 만남을 거절당하기도 한다. 그야말로 우리 사회는 명함이 그 사람을 대신하는 희한한 곳으로 되고 말았다.

세상이 이런 상황인데도 지금 나에게는 명함이 없다. 그 이유는 내가 하던 일에서 손을 놓았기 때문이다. 물론 처음에는 서운한 마음도 있었고 남의 눈치도 보여서 형식적인 명함이라도 하나 만들어 볼까 하고 고민도 했었다. 그러나 곰곰이 생각해 보니 내가 어떤 단체의 고문이라거나, 수필가나 화가 아무개라 쓰자니 더 우스운 꼴이 되지 싶어 그만 두었다.

좌우간 지금의 내 처지를 보면 돈이 되었든, 자리가 되었든 남과 치열하게 다툴 일은 좀처럼 일어나지 않을 것 같아 내심 잘한 일이라 자위하고 있다. 하지만 일상생활에서 불편할 때가 없는 것은 아니다. 특히 처음 만나는 사람이 거침없이 명함을 손에 들고 인사를 청해오면 처신이 쉽지가 않다. 우물쭈물하다가 '미안합니다. 저는 명함이 없습니다.' 라고 작은소리로 말하고 만다.

더구나 상대방이 내가 의례히 명함을 건넬 것으로 짐작하고 손을 내밀고 있을 경우에는 아주 난처하다. 그러나 막상 명함이 없다는 것을 확인해도 그 자리에서 내 전화번호나 연락처를 물어서 적으려는 사람은 없다. 이게 숨길 수 없는 내 현주소일 터이다.

아마 내가 명함 없는 생활에 익숙하게 되기까지에는 제법 시간이 필요할 것이다. 차차 경험이 쌓이면 면역력도 생길 것이고, 위기를 모면하는 기술도 늘어나서 큰 불편 없이 살 수는 있을 것이다. 하지만 이제부터는 좀 더 적극적으로 대처하고 싶은 마음이 적지 않다. 앞으로는 제법 큰 소리로, 또 조금은 당당하게 '나에게는 명함이 없는데요' 라고 말 할 것이다.

설령 그 놈이 없어서 내가 체면을 구기거나 불이익을 당해도 어쩔 수가 없는 일이요, 덕 볼 일을 놓쳐도 후회하지 않을 것이다. 세월의 흔적이 역력한 내 몰골이지만 남 앞에 명함대신 떳떳하게 내놓을 참이다.

화두로 삼다

나에게도 전자우편[E-mail] 주소가 필요하게 되었다. 주소를 뭐라고 하면 좋을까? 내 이름의 영문 약자를 쓸까, 회사명이나 관련 산업을 활용할까, 아니면 내가 좋아하는 숫자나 문자를 배열시킬까, 이런저런 생각에 며칠을 고민하다가 찾은 이름이 바로 영문 'hapilo' 다.

평소에 나는 지금 우리나라가 선진국 문턱에서 제법 잘 살게 되었다고 큰소리치지만 개개인의 행복지수로 따지자면 나라의 경제 수준과는 상당한 거리가 있을 것이라고 생각해 왔다. 왜냐하면 우리의 정치나 사회는 물론 경제현실까지도 가난한 사람들에게 희망을 주는 쪽이 아니고, 부정부패의 뿌리는 사방으로 깊고 넓게 뻗어있어 사회적 신뢰도 역시 바닥 수준이기 때문이다. 또 이런 요소들은 상대적 빈곤감을 확대시켜 보통사람들의 행복지수를 더

홀로 서서 | 한지 수묵, 30호

끌어내릴 것은 뻔한 일이다.

그 위에 우리는 지난 수십 년 동안 현대화라는 소용돌이를 성급하게 지나면서 인정이라는 소중한 가치마저 잃고 말았다. 인정은 우리 선조들로부터 면면히 이어져 내려온 아름다운 우리의 가치였고, 비록 살기가 힘들었어도 서로를 배려하며 살 수 있는 정신적 재산이었다.

나는 이런 상황에 대해 늘 안타까움을 품고 지냈다. 그래서 '사람이 연민하는 마음으로 세상을 사랑하다 보면 자연히 행복해 진다' 는 글귀를 아끼며 곁에 두었다. 옳지 이번 기회에 이런 내용을 메일 주소로 사용하면 되겠구나 여기고 행복happiness, 연민pity, 사랑love이란 각 영문 단어의 앞 두 글자씩 취하여 그것을 합성어로 만들었더니 'hapilo' 가 되었다. 나는 하루에도 몇 번씩 이 단어를 자판기로 두드리며 덕분에 내 삶이 질적으로 좀 나아졌으면 좋겠다고 욕심 묻은 기원을 하곤 했다.

이런 나에게 '당신 메일 주소가 생소한데 그 내용이 뭐냐' 고 간혹 물어 오기도 하는데, 일일이 설명하기가 뭣하여 그냥 합성어로 만든 것이라고 대답하고 만다. 그런 어느 날, 고향에 있는 친구 하나가 느닷없이 전화를 했다. "야! 상립이가. 나 XX이다. 내가 아들놈한테서 컴퓨터를 배워 자네에게 편지를 보내려고 하는데 주소가 이상해서 전화했다. 야 이 사람아! 자네가 필명筆名을 지은 모양인데, 그래도 성은 바꾸지 말아야지. 하-필오가 뭐꼬, 김은 어데 가고?" 하는 것이었다.

평소 내 삶이 보다 반듯하고 존경할 구석이 조금이라도 있었다면 내가 무슨 주소를 썼건 별 문제가 되지 않았을 것이다. 이렇게 보면 메일 주소뿐만 아니라 아호 같은 것도 무조건 제 좋아서 일방적으로 지어서 사용할 게 아니고, 자기 특성이나 하는 일, 아니면 제 인품에 걸 맞는 것으로 정하는 게 옳지 싶다. 비록 돈을 듬뿍 주고 유명한 작명가를 통하여 좋은 호를 지었다 할지라도 정작 본인과 잘 어우러지지 않으면 즐겨 불리기는커녕 상대방으로부터 은근한 조소를 받을 수도 있을 터이다.

이 사건을 계기로 나는 평범한 생활인인 내 자신에게 좀 과하다 싶었던 메일주소 'hapilo'를 '하필이면 왜 나이어야 하는가何必吾?' 라는 자기 성찰이나 반성, 또는 필연의 뜻이 담긴 주소로 재해석해서 그냥 쓰기로 했다. 더하여 나는 내게 돌아오는 어떤 궂은 일이라도 반드시 이유가 있을 것이라고 굳게 믿기로 했다. 의문투성이의 인생길에서 피하지 못하고 만나게 되는 예상치 못한 일들도 거의가 내 손으로 지은 나의 업보가 아니겠는가. 아무래도 내 남은 삶에서 '하필오'를 새로운 화두로 받아들이는 게 옳을 성싶다.

내 사진의 효용성에 대하여

여권을 갱신하기 위해 집 가까이에 있는 사진관에서 증명사진을 찍었다. 그런데 평소 내가 생각했던 것보다는 상노인으로 인화되어 나타났다. 슬그머니 부아가 치민 나는 "여보시오, 사진을 좀 성의 있게 찍어주지 이게 뭐요."했다. 그러자 사진사는 내가 할 말을 미리 짐작이나 하고 있었다는 듯이 "어르신, 사진 잘 나왔는데요. 딴 데서 찍어도 이것보다는 젊게 나오지 않을 겁니다."라고 잘도 받아친다. 할 말이 없어진 나는 얼른 돌아서서 다른 가게로 달려갔지만 결과는 마찬가지였다.

하기야 제아무리 발버둥을 쳐도 세월은 비껴가지 못하는 법, 나라고 뭐 뾰족한 수가 있겠는가? 감정이라고는 눈곱만치도 없는 사진기라는 놈이 더 정직할 수도 있겠다 싶어 포기하고 말았지만 한동안 뒷맛이 씁쓸했다. 설령 어떤 사람이 나이에 비해 좀 젊게 보인다 할지라도 자세히 뜯어보면 어느 구석이 되었든 고스란히 제 나이는 지니고 있을 것이다. 세계적으로 유명했던 미녀 배우들 중에서는 중년이 넘어서면서 아예 대중 앞에 나서기를 포기하고 은둔해버린 경우도 있는데 그 심정이 이해가 된다.

아마 보통사람들도 밖으로 내놓는 사진에는 자기가 보다 싱싱하고 매력적으로 보이기를 은근히 바랄 것이다. 문학동인지 등에 실린 문인들의 인물사진을 보면 대부분 지금보다는 젊고 멋있을 적 사진이다. 그래서 카페 등에 올려지는 지인들의 사진을 보며 나 역시 젊었던 한때를 그려보며 혼자 실없이 웃기도 한다.

나도 꽤 오랫동안 사진 찍기를 즐겼다. 여행을 가서도 '기억이란 믿을 수 없는 것. 오직 사진만이 남는 장사다.' 라고 외쳐대며, 처음 만나는 유적지나 이름난 유물들을 내 눈으로 직접 보기보다는 사진기에 담으려 열을 올렸다. 기회만 있으면 가족사진도 마구 찍어댔다.

내 옷장 아래 칸은 사진 보관 장소다. 잘 정리된 두터운 앨범도 몇 권씩이나 되고 아직 분류하지 않은 채 상자에 넣어둔 것도 상당량이다. 그러나 나는 그 많은 사진을 꺼내어 일일이 들여다 보고 정리하는 수고를 하지 않을 것이다.

따져보면 내 나름으로는 그럴만한 사연이 없는 것도 아니다. 어림잡더라도 내 사진의 역사가 반세기가 넘은 것도 적지 않으니,

그 중 어떤 것은 낡았고 어떤 것은 낯설기까지 하여 실감나게 다가오지 않는 측면이 있다. 또 함께 찍었던 사람들의 소식을 전혀 모를 경우도 적지 않고, 영영 먼 길 떠난 사람도 섞여 있어서 들여다 보기가 민망한 구석도 있다.

내가 청소년 시절을 보냈던 고향이란 무대는 개발이란 기치아래 몰라보게 변한 까닭에 오늘과 연결되지 못하고 과거에서 홀로 숨쉬고 있는 사진들도 많다. 이런 사진들은 마치 지금의 내 처지를 재차 인식시켜 주는 것 같아서 차츰 멀리하게 되었다.

또 외국 여행지에서 찍어 온 사진들마저도 시간이 많이 흐르고 나니, 글쎄 내가 그곳에 가기는 갔던가, 하고 희미해진 기억을 애써 더듬어 볼 지경에 이르렀다. 나는 순간적으로 그곳을 다녀온 바람 같은 나그네였고 자연은 오래도록 그 자리에 그대로 존재해 있어 더욱 나를 허망하게 만든다.

하기야 유명하지도 않은 내가 중심이 되어 찍힌 사진을 어디다 내놓고 광고할 수 있을 것이며 누구더러 보라고 권유한단 말인가? 설령 가족이라 할지라도 한 번 지나치듯 보았으면 되었지 새삼 내 사진을 다시 찾아볼 필요는 없을 터이다.

우연하게 얻은 영상이 필연 이상의 의미를 가질 때나, 결정적 순간을 포착하여 영원으로 승화시킬 수 있을 때 비로소 훌륭한 사진 작품이 만들어진다 한다. 이렇게 보면 잔뜩 모아놓은 내 사진 대부분은 증명사진에 불과할 것이다. 사진을 찍는 순간에 이미 사라져 버릴 장면들을 좀더 오래 남기기 위해 만든 내 개인 자료인 셈이다.

그러나 증명서나 자료라는 것은 늘 효용성을 갖는 게 아니고 필요에 따라 가치를 달리 하는 법 아닌가? 결국 내가 찍었던 사진들은 내가 추억할 수 있는 범위 내에서만 유효한 것이 될 터이다. 만일 내가 보관하고 있는 사진들을 더는 들춰보지 않는다면 그것은 휴지 조각이나 다름없을 것이다.

또 언젠가 내가 아주 먼 길 떠나고 나면 자식들이 그 많은 사진을 아버지 것이라고 애지중지 보관해 줄 까닭도 없고, 고작 불태우거나 이디 눈길이 닿지 않는 곳에 깊숙이 감추어 둘 터이다. 어차피 머지않은 장래에 그것들은 자연스레 생명을 잃게 되리라.

그래서 나는 내 사진의 수명을 차라리 내 손으로 거두는 것이 나을 것이라 여기고, 수 년 전부터 틈이 나면 손이 닿는 대로 조금씩 없애고 있다. 아마 마지막에 남을 몇 장의 사진은 세상의 때가 묻지 않은 내 어릴 적 사진이 아닐까 생각한다.

나는 내가 살아있는 날까지의 행동 하나하나가 바로 내 사진과 같은 역할을 할 것이고, 내가 반듯하게 사는 길만이 내 사진의 효용성을 조금이라도 더 오래 유지시켜줄 것이라 믿기로 했다. 나는 더도 덜도 말고 내가 살아온 날들이 현재의 나에게서 그대로 나타나 주기를 바라고 있다. 또 이제 와서 나이 먹은 내가 감히 우아하거나 중후한 사람으로 보여지기를 바라기보다는 친근한 이웃집 아저씨 같기를 바라며 산다.

비록 후줄근하지만 입을 때마다 편안하여 오랫동안 즐겨 입는 옷처럼, 내 영혼의 집인 육신을 그렇게 가져가고 싶을 뿐이다.

달면 삼키고

사위는 이미 어둠에 먹혔다. 매서운 겨울바람이 앙상한 나뭇가지를 마구 흔들어대고 두 줄기 불빛만이 나를 앞서고 있을 뿐, 길은 적막하다. 여름날 이 길을 가노라면 차가 막혀 거북이 설음 하기가 예사건만 지금은 차도 사람도 보이지 않는다. 그래도 나는 겨울 호수를 만나고 싶어 운문호가 내려다보이는 길가에 차를 세웠다.

깊은 겨울을 맞은 호수에 가 보면 늘 가쁜 숨소리를 듣게 된다. 얼음 나라가 세력을 확장하여 호수의 숨통을 바짝 조이고 있기 때문이다. 그러나 두터운 얼음 벽에 갇힌 호수는 그 누구를 탓하거나 원망도 하지 않은 채, 제 몸을 쉴새없이 얼음장에 부딪쳐 숨 쉴 틈을 만들고 있다. 지금도 그렇게 애쓰는 소리가 쨍쨍 하고 간헐적으로 울려, 추위에 잠들어가는 만물을 깨우고 있다.

비록 힘들여 쪼갠 얼음판 사이로 다시 새 얼음이 무섭게 밀고 들어와 자리를 잡더라도 호수는 작업을 중단하지 않는다. 그가 품어서 기르고 있는 수많은 생명체에게 숨길 터 주는 일을 스스로 포기할 수 없는 까닭이다.

무수한 생명과 생명이 얼음장 밑에서 서로 목숨줄을 잇고, 몸을 기대어가며 인연의 깊이를 만들어내고 있는 것도 호수의 포용력 덕분일 것이다. 호수는 누가 자기를 괴롭히든 해악을 끼치든 크게 마음에 담아두지 않는다. 어떤 것이라도 제 품에 들어오면 한 식구로 받아들여 포근하게 안아줄 뿐이다.

사람들이 호수를 제 기분 나는 대로 대했어도 그는 오는 봄을 기다리며 농사용 물 대줄 준비에 부심하고 있으리라. 또 어떤 호수는 사람이 먹는 물을 보내주기 위해 홀로 정화작업에 힘쓰고 있겠지. 온통 얼음으로 뒤덮여 꼼짝 못할 것 같은 겨울 호수가 여름보다 더 왕성한 생명력을 뿜어내고 있다는 사실에 나는 매번 놀란다.

내 지난 삶도 진즉 겨울 호수의 밑바닥처럼 한데 어우러졌어야 마땅했건만 난 그러지 못했다. 의당 품어 주어야 할 사람도 모른 척하기도 했고, 나를 공격한 사람에게는 언제나 반격의 기회를 호시탐탐 노렸었다. 내게 도움을 청하거나 내 도움이 필요한 사람에게도 무조건 도와주기에 앞서 내 입장과 합당한 이유를 먼저 찾았다. 나는 내 마음에 맞지 않는 행동을 하는 사람과는 잘 어울리지도 않았고, 대신 마음에 드는 사람과는 쉽게 친숙해지고 자주 편까지 들어주었다.

내게 유리하면 삼키고 불리하면 내뱉는 짓이 별다른 문제가 될 것 없다고 생각하며 세월을 보냈다. 그런데 막상 내가 웬만큼 살아보니 변하지 않는 맛은 세상 어디에도 없었다. 나에게 부딪혀 온 세상사 모두가 끝까지 달콤한 경우도 드물었고, 계속 쓰기만 한 사례도 없었다는 뜻이다. '사람 한살이도 달면 단 대로, 쓰면 쓴 대로 그저 그렇게 꼭꼭 씹어가며 살아야 했었는데…….' 하고 혼자 중얼거리는데, 옆에서 '그러길래 진즉 깨닫지' 하는 소리가 들린다. 신기하다. 호수도 말을 하나 보다.

완행열차를 타고

급행열차를 놓친 것은 잘된 일이다
조그만 간이역의 늙은 역무원
바람에 흔들리는 노오란 들국화
애틋이 숨어있는 쓸쓸한 아름다움
하마터면 나 모를 뻔하였지

완행열차를 탄 것은 잘된 일이다
서러운 종착역은 어둠에 젖어
거기 항시 기다리고 있거니
천천히 아주 천천히
누비듯이 혹은 홈질하듯이
서두름 없는 인생의 기쁨
하마터면 나 모를 뻔하였지

위의 글은 허영자 시인의 「완행열차」란 시 전문이다. 이 시를 읽고 나면 인생이란 목적이 아닌 과정, 그 자체가 더 소중할 수 있다는 생각이 절로 든다. 아무래도 급행열차는 목적이 위주가 되고, 완행은 가는 과정 하나하나가 눈앞에 펼쳐지기 때문일 터이다. 이 시에는 인생길을 급히 가노라 놓쳐버린 삶의 기쁨과 아름다움에 대한 아쉬움이나 그리움이 짙게 깔려 있다.

내 젊은 날, 기차는 급행이냐 완행이냐로만 구분했었다. 나는 서울에서 부산까지 밤을 새워 가야 하는 완행열차를 주로 탔는데 좌석표를 구하지 못할 때가 많아 여간 고생이 아니었다. 아침 일찍 부산역에 내리면 기차 화통이 뱉어낸 그을음에 콧구멍은 새까매져서 굴뚝 청소부와 다름없었고, 옷은 형편없이 구겨지고 다리는 후들거렸다.

하지만 여행길이 많이 단축되고 편안해진 지금보다 오히려 고생스러웠던 그 때가 더 좋았다는 생각이 더러 난다. 아마 힘든 여정 속에서도 사람과 사람이 부대끼며 만들어낸 훈훈한 인정이 오랫동안 가슴에 남아 있기 때문이리라. 그러고 보면 속도가 곧 행복은 아닌 모양이다.

회상하면 내 삶도 급행열차를 탄 것처럼 어지간히 숨가쁘게 달려왔다. 오직 도착할 목적지만을 골똘히 생각하며 계속 속도를 높

였었다. 내가 먼저 도착하지 않으면 전부 빼앗길 것 같은 불안감에 휩싸여 달리고 또 달렸다. 그래 보았자 크게 얻은 것도 없다. 사실 느긋하게 갔어도 그리 빼앗길 일도 없었을 터이다. 눈앞에 놓인 작은 성공은 거들떠보지도 않고 더 큰 성공을 위해 허기져 날뛰었어도 남은 것은 공연한 짓 했다는 후회뿐이다.

요즈음 KTX를 타면 천장에 매달린 작은 화면에 달리는 속도가 시시각각 문자로 뜨고, 도착할 역은 그때마다 뚜렷이 비치지만 중간 역이나 간이역은 알 수가 없다. 지나가는 풍경도 눈이 어지러워 제대로 볼 수가 없으니 나는 아예 눈을 감고 앉아있다. 속도라는 괴물이 현대인들을 철저히 지배하고 있다는 느낌에 등줄기가 아연 긴장된다. 만일 길가에 단속 카메라가 없다면 자동차도 고속열차처럼 질주하게 될 것이다.

앞날이 창창한 젊은이들마저 손안에 든 휴대폰으로 모든 일을 처리한다. 휴대폰 자막으로 아침을 열고 동영상으로 하루를 마감 한다. 친구간에 마주 앉아도 우정 어린 목소리는 사라지고 문자메시지로 서로 대화한다. 그것마저 앞뒤가 잘려나간 축약된 문장으로 말을 대신하니 속마음을 주고받을 친구 찾기가 쉽지 않게 되었다.

지하철이나 버스에는 전화기에 빠져 고개 숙인 사람들뿐이니 다른 사람과 정면으로 얼굴 대하기가 자꾸 어색해진다. 이어폰을 귀에 꽂고 거리를 활보하는 젊은이는 늘어나고, 누가 그들에게 말을 걸어와도 못 알아듣기 일쑤다. 이처럼 이웃을 향해 열려야 할 마음자리는 속도라는 방패에 틀어 막혀버리고, 깊은 눈을 들여다보며 서로 사랑할 기회마저 잃어가고 있다.

그래도 나는 딴 세상 사람처럼 시간만 허락되면 펜을 들고 원고지에 글을 쓴다. 선뜻 팔려나갈 원고도 아니지만 나는 볼펜을 꾹꾹 눌러가며 옛날 방식으로 열심히 수필을 쓴다. 아무리 디지털 기기가 판을 쳐도 나는 끝까지 아날로그적 심사로 글을 대하고 싶은 까닭이다.

수필문학이란 험난한 인생길을 따뜻한 시선으로 이곳저곳 둘러보며 천천히 종착역으로 가는 그런 여행이어야겠지. 비록 좀 느리고 답답하더라도 사랑하는 마음을 놓지 않고, 때로는 연민으로 많이 아파하며 그렇게 가야 하는 게 제격이리라. 허 시인의 시구처럼 서둘지 않고 누비듯, 홈질하듯 그렇게 살며 써야 할 터이다.

이제 완행열차에 다시 내 몸을 싣고, 사람 사는 모습과 지나가는 풍경을 찬찬히 눈여겨 볼 작정이다. 숨겨져 있는 고통이나 환희, 사랑과 이별, 인간들이 만들어 내는 온갖 사연을 정성을 다해 함께 느낄 참이다. 손님 두엇 서성거리는 간이역에도 잠시 내려볼 것이요, 촌 아낙네들이 푸성귀를 앞에 놓고 죽 늘어앉은 철길너머에도 가 볼 참이다. 앓는 아이를 품에 안고 발을 동동거리며 연착

하는 기차를 기다리는 젊은 엄마 또한 가슴에 담아 두리라.

또 폐교가 된 초등학교 운동장에 서서 자연에 묻혀 살던 내 어린 시절을 목놓아 불러볼 작정이다. 그리고 나를 앞질러 쏜살같이 달려가는 급행열차를 향해 눈살을 찌푸리며 고개 돌리는 대신, 그들의 안전과 성공적인 여행을 진심으로 축복할 터이다.

앞으로 내가 얼마나 더 글을 쓸 수 있을지 알 수 없어도 입문 당시의 초심을 잃지 않으려 애쓸 참이다. 도대체 수필가는 어떤 사람이어야 하는지에 대해서도 다시 생각해 볼 터이다. 또 그동안 내가 꼭 해야 할 일인데도 하지 않은 일이나, 가슴 떨리는 감동을 느끼면서도 무심하게 흘려보낸 일, 용기가 없어서 애써 외면해버린 일들을 찾아내어 수필 속에 녹여 넣는 작업도 계속 해야겠다.

마치 느린 속도로 돌아가는 영화의 한 장면처럼 내 수필이 숨김도 과장도 없이 있는 그대로 쓰여지고 그렇게 읽혀지기를 희망한다. 그리하여 내가 쓰는 수필의 행간에는 속도 경쟁에서 밀린 사람들의 소망과 기쁨이, 바람처럼 후딱 지나간 이들이 잊어버린 양보나 배려가 숨 쉬고 있기를 고대한다. 순간적으로 찬란하게 밤하늘을 수놓다 사라지는 불꽃보다 여름 바닷가의 은은한 달빛처럼, 오랫동안 가슴을 촉촉이 적셔주는 그런 수필이 쓰여졌으면 참 좋겠다.

작가의 말

〉〉〉 작가의 말

내 비록 수필가라고 불려지기는 하지만, 글 쓰는 일을 생업으로 삼고 있지 않으니 분명 전업작가는 아니다. 그러면서도 오늘까지 수십 년을 그 일을 포기하지 않은 것을 보면, 꼭 집어 한마디로 말할 수는 없어도, 수필이 나에게 무엇인가를 채워주었기에 가능했지 싶다. 그것이 만족이라 해도 좋고 기쁨 또는 행복이었다 해도 상관없을 터이다. 어쩌면 내가 진정으로 좋아서 하는 취미생활이 바로 수필 쓰기일 것이다.

하지만 내가 글에 대해 가지는 사랑이나 열정이 전업 문인들에 비해 부족하다고 생각해 본 적은 없다. 더불어 내가 수필을 처음 시작했을 때의 결심에도 변함없기는 마찬가지다. 그래서 나는 돈 벌이도 되지 못하고 어디 발표해 준다는 지면이 약속된 것도 아니지만 시간만 나면 수필을 쓴다. 도대체 수필가는 어떤 사람이어야 하고, 어떤 자세로 살아가야 하는지에 대한 생각도 놓지 않고 있다.

사람이 잘살기 위해 문학이 필요한 게지 문학이 있어서 사람들이 사는 것은 아닐 터이다. 그러므로 문학은 우리들의 삶에 선善기능을 할 수 있어야 할 것이고, 그런 기능을 못하면 존재이유가 사라질 것이다. 이것이 내 수필작품이 세상에 나가 과연 존재할 가치가 있는가를 스스로 묻는 이유이다.

만일에 수필이 사람들의 삶과는 별도로 문학이란 아성을 쌓고 정해진 틀 속에서만 안주한다면 수필의 필요성은 점차 쇠퇴해질 게 뻔하다. 예컨대 과학기술의 발달로 생활환경이 크게 바뀌고 사회적 요구가 달라진다면, 수필 또한 적극 변신하여 진화해가는 사람들의 생활에 자연스럽게 동화되어 나가야 비로소 독자로부터 환영 받게 되리라 본다.

내가 몹시 분주했던 날, 밤 늦게 귀가하면 손가락 하나 까딱하기 싫은 지경을 당하기도 한다. 이런 날이라도 나는 나를 꼬집어

가며 책상머리에 앉아 글을 쓴다. 어떤 날은 일기같이, 또 어떤 날은 참회록을 집필하는 심정으로 쓴다. 많이 외로운 날에는 친구에게 속마음을 털어 놓듯이, 가슴이 허전할 때엔 사랑을 고백하듯 원고를 쓴다. 세상이 몹시 어지러운 날 나는 통곡하듯 절망하듯 분노를 쏟아내기도 하지만, 매번 끝에 가서는 매몰자가 어두운 터널 속에서 한 줄기 빛을 발견하여 살아 있는 기쁨을 누군가에게 전하려는 간절한 심사가 되고 만다.

수필가란 올바른 창작의 길에서 만나게 되는 고뇌와 환희를 액면 그대로 독자들과 함께 나눌 수 있어야 한다고 생각한다. 그러므로 주어진 나의 체험을 마음을 다해 받아들이고 남의 체험 또한 소중히 여길 터이다. 더하여 살아있는 모든 것들의 여정을 교훈으로 삼아 겸허하게 삶을 안으려 한다. 결국 문학이란 가슴에 사랑을 담아 자연과 인생을 다시 보는 일이라 믿고 정성을 다할

참이다.

그래서 나는 한 걸음이라도 앞으로 내디딜 힘이 남아 있는 날까지는 글쓰기를 포기하지 않을 작정이다. 이 책은 나의 이런 생각과 생활이 빚어낸 작품들을 한데 모은 것이다. 내가 참으로 어려운 시기에 글 쓰기를 시작하며 내 삶이 많이 위로 받고 용기를 얻었듯이, 내 작품이 다른 이들의 삶에 작은 위안이라도 되었으면 좋겠다.

2015년 여름날

남평 김상립

국립중앙도서관 출판시도서목록(CIP)

하얀 바다/지은이: 김상립 – 서울 : 북랜드, 2015
p.224 ; 152×205 cm

ISBN 978-89-7787-640-8 03810 : ₩ 13000

한국 현대 수필 [韓國現代隨筆]

814.7-KDC6
895.745-DDC23 CIP2015015702

하얀 바다

인쇄 | 2015년 6월 20일
발행 | 2015년 6월 30일

지은이 | 김상립
펴낸이 | 장호병
펴낸곳 | 북랜드
135-936 서울 강남구 강남대로 320 황화빌딩 1108호
대표전화 (02) 732-4574
팩시밀리 (02) 734-4574

등 록 일 | 1999년 11월 11일
등록번호 | 제13-615호
홈페이지 | www.bookland.co.kr
이-메일 | bookland@hanmail.net

편 집 | 김인옥
영 업 | 최성진

ISBN 978-89-7787-640-8 03810

값 13,000원